JN439782

집산 푸른 잿빛

강영환 시집

강영환 시집

집산 푸른 잿빛

지은이 강영환
펴낸이 최명자

펴낸곳 책펴낸열린시
주소 부산광역시 중구 동광길 11 203호
전화 051 464 8716
출판등록번호 제1999-000002호
출판등록일 1991년 2월 4일

인쇄일 2014년 4월 12일
발행일 2014년 4월 15일

값 10,000원

ISBN 978-89-87458-81-6 03810

「이 도서의 국립중앙도서관 출판시도서목록(CIP)은 서지정보유통지원시스템 홈페이지(http://seoji.nl.go.kr)와 국가자료공동목록시스템(http://www.nl.go.kr/kolis-net)에서 이용하실 수 있습니다.
(CIP제어번호: CIP2014008569)」

제3시선 02

집산 푸른 잿빛

강영환 시인은 경남 산청에서 태어나 1977년 〈동아일보〉 신춘문예에 「공중의 꽃」, 1979년 《현대문학》에 시 천료(필명 강산청). 1980년 〈동아일보〉신춘문예에 시조「남해」 당선. 시집으로 『칼잠』 『불순한 일기 속에서 개나리가 피었다』 『쓸쓸한 책상』 『이웃 속으로』 『황인종의 시내버스』 『길안의 사랑』 『놈-철들무렵 『눈물』 『뒷강물』 『푸른 짝사랑에 들다』 『집을 버리다』 『산복도로』 『울 밖 낮은 기침소리』 『물금나루』 『공중의 꽃』이 있고 현대시 씨디롬 시집 『블랙커피』 시조집으로 『북창을 열고』 『남해』 『모자아래』가 있으며 지리산 연작시집으로 『불무장등』 『벽소령』 『그리운 치밭목』 『불일폭포 가는 길』이 있다. 〈열린시〉동인, 《월간 열린시》 주간 역임. (사)부산민족예술인총연합 회장 역임. 《남부시》 편집위원, 부산작가회, 〈얼토〉회원이며 이주홍문학상, 부산작가상, 부산시문화상을 수상하였다.

□ 앞에 써 두는 말

산을 오르는 낮은 집들이 산을 지우고 집을 쌓았다. 작은 집들이 모여 따뜻한 동네를 만들었지만 애초에 번지를 부여받지 못했다.

산 번지 아름다운 이웃도 떠나고, 풍경도 많이 바뀌었다. 고층 건물이 바다를 앗아갔다. 매력적인 산 번지가 되지 못한 집들은 외로운 곳으로 밀려나 웃음을 잃었다.

이곳에서 몸 담아 보낸 긴 시간들이 내게 아름다운 생각들을 갖게해 주었고, 나는 그것을 열심히 살아냈다.

이제 두번째 산복도로 풍경을 그려내면서 집산에 진 빚에 조금은 자유로울 수 있을까?

2014. 3 강영환

자서/3
목차/5

1

비가…13
산 5번지…14
오래된 예속…16
굴다리를 지나서…19
집산…22
물 뿌리는 남자…24
그리운 흑산도…25
평화, 거짓말…26
황사 가는 길…27
석탄광 깊은 어둠에서…28
제방 밖으로…30
모기밥…32
생을 찰지게 하는 것들…34
나무들 사이…36
휴일 오후…38
종이지붕 위에서…39
어둠이 노는 속내…40
늙은 고양이를 위하여…42
붉은 아침…44

2

봄길…49
허공순례…50
내 사랑 지어미…52
불난 집…54
공 굴리는 피에로…56
집에 가는 길…57
서산을 바라보다…59
기러기 아빠…61
목각인형에 기대어…62
뒷모습을 감추고…63
탈춤을 추다…64
이미지 낚시…66
복숭아꽃…68
금요일에 젖다…69
마지막 외출…70
결정적인 순간은 오지 않는다…72
볼트와 너트…74
따뜻한 이름…76
외딴집 구멍가게…77
명품…80

3

말 뼈…83
은퇴 후…84
지나 온 길들에 관한…85
고맙다…86
잔인한 2월…87
손두부…88
밥과 동아줄…89
달맞이꽃…90
여백에 숨다…91
나는 통로다…92
파도 풍경…93
불혹으로 가는 길…94
바람개비가 돌았다…95
우리시대의 벽화…96
은행나무 곁에서…97
북항 아침…98

4

아침 면도…101
해고 노동자에게…102

가위소리…103
강을 찾아서…104
죽은 강…105
챙 넓은 모자…106
나무 향…107
낙원식당…109
관계거리…111
깊은 잎맥…112
다촛점…114
혼자 하는 일에…116
훈장처럼…117
모르는 시인…118
오래된 기침소리…120
촛불에게…122
가슴에 든 발자국…125
가슴이 없는 남자…129
오줌 마렵다…132

발문/고단하고 목마른 골목을 적시는 단비/최영철…133

비가

산동네 가파른 계단을 내려가는 비가
섰다가 내려가고 망설이다
작정한 듯 길이 묻힌 층계를 내려섰다
점점 더 두꺼워지는 무게로 비구름은
어두워진 산동네 골목을 덮고
갈라진 길은 언덕 아래로 떨어졌다
비탈에 웅크리고 앉은 나무들 어깨가
낡은 이승을 버릴 때까지
낮고 어두운 곳으로 길을 만드는 비가
나무 주검 한쪽 끝을 붙들고
다시는 이 땅에서 모국어를 꿈꾸지 말라
지하에 모이고 모여들어
떠나는 뿌리를 보듬어 주었다

산 5번지

산 번지는 사람 사는 곳이 아니다
숲이 사는 곳이다
풀과 나무와 돌과 새와 벌레가 사는 곳이다
높은 번지에 세운 집들은 나무이거나
나무 위에 만든 작은 구멍이거나
새집 곁에 얽어놓은 가느다란 줄이거나

울 없는 집들이 둥글게 붙어 앉아
서로 몸을 데운다 체온을 나누기 위해
이마 붙이고 사는 산 번지에는
키 낮은 집들이 못자리를 이루고
난쟁이들이 숲을 이뤄 높이 사는
비 온 뒤 속아내지 못한 채마밭이다

구불거리는 고샅은 몸을 틀어
바다가 먼 비탈에 서있어도
파도소리 출렁거리는 들창에 불빛을 켜고

떠가는 배가 짐승들을 태운 뒤, 아직
멸망하지 않은 숲을 향해 간다
깨진 하늘이 보이는 연약한 지붕과
또 다른 지붕이 맞대 이어진 간이역은
낯선 사람을 돌려세우지 않는다

어느 때부터 숲이 사는 곳이 아니라
사람이 사는 산 번지에는
까마귀도 지붕 모서리에 앉았다가고
물방울도 집과 집 사이를 빠져 나간 뒤
넘어진 흔적으로 숱한 미로를 남긴다

오래된 예속

다시 한 층계를 올라섰다
여전히 보이지 않는 바다
눈도, 입도, 귀도 없는 집들이
피안을 가로막아 서서
눈에 든 오래된 바다를 매장했다

보이지 않는 푸르고 깊은 책들 그러나
동무 삼아 오르내리던 굴곡진 길에
눈에 익은 까꼬막도 미끄러지지 않고 수월하게
집으로 갈 수 있게 해 준 물기둥이 낸 길에
벽 사이로 소리가 하얗다 그것이 비록
허물이 될지라도 벽에 남아 오래
말벗이 되고, 혀가 되고, 눈이 되고, 살갗이 된
파도가 스스로 높이 쌓은 소리와
소리가 내는 풍경에 귀를 걸었다

비 온 뒤 바닥에 몸을 밀고 간 지렁이 흔적처럼

내 몸 푸른 멍으로 새겨진 파도는
그리울 때마다 소리로 출렁거리며 나섰다
집을 떠나 객지를 떠돌 때도
눈으로 갈 수 없는 소리를 지우지 못하는 귀
비우고 싶어도 그러지 못하는 파도소리는
앞마당에 와 놀아주던 오래 전 동무
그때 아이 웃음으로 날 찾아 주었다

높은 곳으로 더 높은 곳으로
먼 원시를 찾아가는 나는
성형되지 않은 흉터 속으로 잠행한다
출렁거리는 심장으로 파도가 오고
키가 크면서 깊은 상처였던 자국
숱한 멍에 남겨진 푸른 박동이었다

속살에 짙은 색깔로 빛나는 소리가
밝은 칼금을 긋고 춤을 추었다

파도가 소리로 살고 있는 내 몸은 그랬다
한 층계 더 오른 바다
여전히 눈썹은 보이지 않았지만
오래된 예속을 위해 소리를 끄지 못했다

굴다리를 지나서

새로 길이 나면서 슈퍼가 생기고
산동네에 굴다리가 생겼다
위와 아래 경계가 뚜렷해졌다

굴다리를 지나 산복도로에 올랐다
위쪽 바닥은 어둠이고
아래쪽 하늘은 빛이다

반은 빛이고 반은 어둠인 굴다리를 지나
하루에 두 번씩 바뀌는 내 몸도
반은 어둠이고 반은 빛이다

그곳을 지나는 극히 짧은 순간에도
어둠은 빛을 갉아 먹고
빛은 어둠을 깎아 내었다

땅거미가 길게 그어진 낮은 벽에는

살펴보지 않았으면 몰랐을 빗금들이
출렁거림으로 지층을 만들고
누에고치 같은 새집이 목을 달았다

고치를 열고나서는 그때마다 새는
버림받은 키가 거꾸로 컸다
새 살이 차올라 밀어낸
낡은 껍질이 벗겨져 달아났다

쉽게 떨어진 날개옷은
병든 몸이 토해낸 그늘이었고
온갖 퇴적물로 뭉쳐진
시커멓고 딱딱한 허물이었다

아침에 간 길을 따라 늦은 저녁 다시
공복을 안고 찾아가는 그곳
어둠이면서 한편은 빛인 굴다리를 지나

지층을 타고 한 계단씩 내려서면
도시에 환한 등이 켜졌다
바닥과 하늘은 온통 사다리로
어둠 속에서 빛을 캤다 나는
굴다리를 지나 집에 들었다

집산

나무 대신 집이 서있는 산이다
날카로운 모서리는 서로의 가슴을 피해
티끌 없는 하늘가에 닿아 있다

집들로 겹겹이 쌓아 올린 산은
큰 집과 작은 집이 어울려 골목을 만들고
골목은 공 벌레처럼 둥글게
지붕과 지붕 사이를 굴러 다닌다
느리게 가다 혹은 구불거리며 멋대로
가고 싶은 곳 없이도 이웃을 지었다

아래로만 흘러내리는 빗물 속에는
남몰래 흘린 눈물도 함께 떠나
둥근 집이 언제나 반짝거렸다
집산에도 사계를 바꿔 꽃이 피었다

불빛 투성이 바다가 물결을 펼치는 곳

하늘에 별을 대신할 수 없지만 가끔
깜박거리는 눈을 별에 맞췄다 그때
바위 대신 서있는 옥상 파란물통 위에서
목마른 별이 물소리에 젖기도 했다

아이들 아니라도 숨바꼭질로 숨는 어둠이
돌부리에 채여 넘어지는 이마도 숨기고
불러주지 않아도 해와 달이 가깝게
젖은 집을 말리고 꽃을 키웠다

집산 푸른 잿빛이 하늘 가운데 우뚝
닿을 수 없는 높은 불을 켠 밤
이웃들은 낮은 지붕을 걸어서
끝나지 않은 별자리로 갔다

물 뿌리는 남자

저녁 어스름이 집을 숨기는 산 번지
옥상에다 물 뿌리는 남자가 있어
발뒤꿈치를 들었다 펄럭이는 빨래 사이
식솔들의 안온한 잠이 위태로웠을까
열대야에 하늘 가까이 오른 남자
그가 뿜어내는 물줄기가
물병자리마저 식혀 주고 있을 때
일찍 온 땅거미가 그를 감추었다

반바지에 얼굴은 깊어 보이지 않았다
이쪽 더위는 꼬리를 감추지 않고
밤이 되어도 이마를 덮지 못했다
불면을 태우던 열대야에 덧나는 남자
옥상에 올라 선 그가 만나는 밤이
너무 무거워 들어낼 수 없고 불현듯
그 남자가 궁금하여 빨래 뒤에서
다시 한 번 발뒤꿈치를 들어보았다

그리운 흑산도

떠나 온 흑산도가 그립다 홍어는
붉은 살맛에 눈물을 간직했다
돌아가지 못한 구두가 길을 떠돌다
살을 끄집어내 눈물을 씹었다
혀가 아프다 바다가 무너졌다
헐은 입천장에서 구불거리던 산복도로를
소화해내지 못하고 되새김을 반복할 때
떠돌던 섬 하나가 가슴에 돋았다
풀이 누운 산 번지 이마가 뜨겁고
집이 그리워 혀끝에 눈물 알싸한
길 끝에 당도하고 싶은 그리운 맛
몸 안에 퍼지는 붉은 향기, 눈물
지느러미를 치며 떠날 채비를 한다

평화, 거짓말

비둘기 옆에 앉으면 구린내가 난다
피 비린 알곡을 배불리 먹고
삭히지 못한 배설물을 가득 담은 채
멀뚱거리며 광장을 배회하는 비둘기는
어느 틈에 숲을 가까이하지 않는다

손쉬운 먹거리를 찾아 동굴 속
뒤집혀진 눈 곁으로 다가 간다
포만한 식욕을 쏟아낸 비둘기가
입술로 콕콕 따가운 독설을 풀어낸다
발목에 끈을 묶은 어른이 뒤따랐다

갈라진 혀를 감춘 입술은
모래바람 이는 숲 끝이 아니라도
매축지 소금까지 먹어 치운다
산을 끝까지 삼킨 지붕 위를 가로질러
잠들지 못한 별빛을 안고 떠돈다

황사 가는 길

낮은 집에 거인이 들어와
작은 창에 든 항구를 가렸다
하늘과 산과 벌판에 가득한 손님이
초대받지 못한 울분을 토했다
휴교령 내려진 남부지역은 숨이 막혀
돋보기를 끼고 보거나 눈 감고 보거나
누구도 거대한 장막을 걷어내지 못한다
소리 없이 지나가는 무거운 것들…
네 깊은 상처를 가리지 마라
황사 그건 가난이 아니라서
피하지도 몰입하기도 어렵다
밤새 눈 비벼가며 기침을 한다
먼저 온 거인은 일러주지 않았다
수상한 누가 숨 죽여 오고 있는지
장막 밖으로 몰래 떠나고 있는지
오래 내다보아도 밖을 알 수가 없다

석탄광 깊은 어둠에서

어둠은 제 몸에 불을 붙여 솟구쳤다
실핏줄 끝에서 막장을 무너뜨리고
벼랑 끝 오래 갇힌 칠흑을 캐냈다
피가 죽어 온기 나는 돌이 된 것일까
돌아가지 못한 숨결이 발등을 덮고
차고 어두운 벽이 가슴 앞에 남았다

검은 돌을 캐내는 손등 적시는 물방울에
지하 천오백 미터 지주목이 부러져
어둠 속에 누운 덫에 걸려 넘어지고 굴러
반허리로 일어설 수 없는 발아래 강이 흘렀다
침묵 안에는 눈 둘 곳이 없다
앞도 캄캄하고 옆도 뒤도 어둠뿐인
칸델라 불빛만이 일직선을 긋고 벽에 꽂혔다

가까이 누운 동료와 체온을 나눠 가졌다
들이는 숨도 반절로 꺾어 쉬고

언젠가 들려 올 구조신호를 위해
감은 눈 속에 지상을 가는 눈발을 떠올렸다
검은 시간들이 고요히 잠들 때
동굴 밖은 간직한 창을 열 것이다
내가 길을 토해 어둠 밖에 설 것이다

석탄이 든 잠을 깨우지 말아다오
더 갈 곳 없는 어둠 끝에 닿아서도
멈추지 않는 숨길이다 지상으로
그치지 않는 눈발이 좋은 섣달그믐날
어둠 안에서 해가 떠올랐지만
밖에 나와서 구조신호를 다시 보낸다

제방 밖으로

제방 밖으로 무너지는 나는 물이다
쏟아지는 온기에 하늘을 묻는다
벌판을 가는 힘이다 제방을 열어
얼굴을 적시리라 그리고 넘쳐나리라
몸서리치도록 순종했던 긴 화해를 무너뜨리고
바리케이트, 체루탄, 화염병… 이 이룬 대오
두고 온 젊음이 뒹구는 거리에 길을 트리라
그리워 한번쯤 소용돌이로 배회하기 위해
검은 방을 나가 흘러 갈 것이다
숨죽여 지나온 둑 안에서
모든 길들이 뛰쳐나와 폭풍우로 외치리라
풀 뽑는 일은 가쁜 숨결로 피어올라 흙더미는
흐르던 맥박을 끊고 발등에 덮일 것이다
기어이 아버지 삽을 찾아 낼 것이다
그때 벌판 끝으로 아침은 몰려오고
구름은 문을 밀고 나서리라
가슴을 연 청보리밭이 출렁거릴 것이다

밖으로 넘쳐 흐를 일이 남아 있을 뿐인 내
눈물은 아직 온전한 강물이다

모기밥

나는 모기 밥이다 속절없이
드러낸 팔뚝과 어깨, 눈꺼풀까지 만찬의 흔적이다
모기는 달에서 왔다 달빛 고이는 물에서 왔다 날카로운 상처를 숨긴 어둠에서 왔다
달 기운을 받은 날개로 밤을 지배하는 마왕이다

낮게 비행해 들 때면 납작 엎드려 숨죽이고 갇힌 모기장에 숨어든 한 마리에도 속수무책 피를 빼앗길 수밖에 없다
차라리 알몸으로 가자
누드는 지극한 밥상이 되고 또한 그들이 원한다
수없이 뺨을 때려 용서를 빌어도 밤은 길기만 할까
나의 적은 모기인가 오지 않는 잠인가

아침 팔뚝 붉은 문신이 모기를 얼마만큼 행복하게 했는지 알게 한다
팔뚝과 어깨를 드러낸 잠은 모기에게 흡감한 밥

상이다

　맘껏 든 몸을 가누지 못하는 아침을 노려
　피투성이 벽, 손바닥 붉은 반점, 상처뿐인 누드
　어둠의 축제를 끝내야 한다

생을 찰지게 하는 것들

비 그친 숲으로 창을 열어젖히는 것
구봉산 가장 아름다운 소리로 울고 있는
뻐꾸기 목쉰 노래 잠간 듣는 것
강물 흐르는 때론 잔잔한 물결 부드러운 속
빛나는 살갗을 맨몸으로 유영하는 것
옷 걷어 부치고 물살 거센 소용돌이를 건너는 것

흔적도 없이 불타 사라질 제 이름을
나무책상 위에 칼자국으로 새겨 넣는 손이
힘든 것 팽개치고 쉬고 싶은 때가 많아질 무렵
더 선명하게 지나가는 초침소리 듣는 것

화물 가득 싣고 북항에 드는 외항선이
남몰래 울릴 뱃고동소리 기다리는 귓바퀴
찌든 때에 절어 자동 세탁기 속에서 말리고 밀려
옆집에 도는 선풍기 소리로 차려보는 귀청
돌아눕다 눕다 잠간 놓아버리는 것

물이란 물 다 빼주고 바짝 마른 빨래로 옥상
흔들리는 줄을 타다 개켜져 옷장 속에 쌓이는 일
꾀꼬리 울음 더 이상 들리지 않고 듣지 않고
숲으로 난 창을 닫는 것 또한 고요해지는 것
그리고 미완으로 남게 되는… 숱한 나의 것들
지상에 머물게 하는 안타까움 마구 파먹는 입

나무들 사이

나무와 나무 사이에 집이 있다
집과 집 사이에 나무가 있다
나무와 집 사이로 나선 골목길에
끈적거리는 짐을 메고 가는 사람이 있다
나뭇가지에 매달린 마른 얼굴들
산을 오르는 그림자가 길게
산동네 아랫도리를 덮어 주었다

어디로 가지 못하는 집과 나무가
사람들을 불러들여 이웃하게 하고
밤에는 별빛을 헤아리게 했다
가끔은 지붕 위에 내린 비도
산을 버리고 쉼 없이 내려가는
누운 길 허연 등짝을 밟고
넘어진 무릎이 자주 깨졌다

길은 돌아보지 않았다

나무가 바람을 들인 후 비가
돌아오지 못할 이유를 버렸다
집을 오래 간직하지 못하는 나무가
구멍 난 지붕 위에서
가벼운 꼬리 그림자를 흔들 때
낡은 집에 든 산이 잠에 들었다

휴일 오후

아내와 함께 가볼만한 곳으로
백화점 밖에 만들어 놓지 않은 공화국
철제 난간에 기대어 연을 날렸다
실 끝 저편 조종에 따르는 유희가
개를 알고 있다는 듯 꼬리를 흔들었다
수시로 침대발에 오줌을 누고 가는 개를
꼬리를 잘라 추방할 수는 없다
개 발자국이 무한에 들 것이므로

연은 실을 끊고 바다로 달아났다
목줄 끊어진 아내가 따라 갔다
연은 혼자서 비틀거리며 푸른색을 날았다
안착할 바다를 간직하지 못한 채
개를 따르지 않고 허공에서 독립했고
제 발자국을 지웠지만 골목에는
못 먹고 벗은 나무, 봄 가랑잎이 굴렀다
그곳에서 아내가 연을 날렸다

종이지붕 위에서

생명 서약 없이는 지나갈 수 없는
금을 그어 피난민이 나눈 벽 위에
피로 새겨 넣은 상처가 걸려있다
하늘을 덮은 지붕위에 뜬 기침소리
걸어 온 발자국 지울 수 없고
절벽보다 높은 낱말은 추락 없이
낯선 말로 지붕 위를 걸어갔다

날개가 젖어 날 수 없을 때 오래
머금고 있던 말이 달아났다
회색으로 물든 혀가 낮게 엎드려
도피해 가는 이웃을 붙들지 못한다
갇혔던 노을이 날아간 빈 벌판으로
입술에 그려 넣은 새가 날아가고
지붕에 남은 빈자리가 쏟아졌다

어둠이 노는 속내

열대야 문 밖 어둠 속은
눈 먼 벌레들이 빛나는 놀이터다
붉은 십자가를 찬양하는 노래에 실성한
깊은 유리창이 냉엄 속으로 몰입한다
고요함에 함부로 발을 들여놓지 못한다
섣부른 발끝이라도 침범할라치면
얼굴 없는 날것들이 물것 되어 덤빈다
빌어도 용서할 줄 모르는 소리들이
젊은 이빨로 흡혈을 시도한다
함부로 끌어들이지 않았지만 어둠은
벌레들이 날개에 싣고 온다
바닥 아니라도 고여 있던 상처들이
예배당 첨탑 피뢰침을 타고 오르는 걸 보라
하늘을 가린 안개가 물것들을 향해
붉은 혀를 가르고 눈을 부라려 보지만
소용없다 끝없이 소용없다 어둠에게
눈 밝다고 누구도 자신하지 못한다

거미가 쳐 놓은 집에 밥이 되어
모가지만 허공에 매달리게 될 몸으로
더 가벼워지기 위하여 한 눈을 뽑아내고
빛이 좋아 어둠을 버리는 나방과
어둠이 좋아 빛을 버리는 승냥이떼
어둠을 향해 문을 열고나서는 유혹은
몸 가까이 늘 살기 띤 암내를 풍기며
빈 속에 어둠이 촛불을 켜게 한다

늙은 고양이를 위하여

숱한 촛불을 켜든 손이 아니라도 누가
지독한 어둠을 걷어가고 있다
부드러운 털로, 소리 나지 않는 발걸음으로
길 위에서 사물이 몸을 드러내는 새벽
별이 빛을 잃어도 하늘은 투명해진다
새벽이 오고 가는 작은 한 점 위에서
늙은 고양이 한 마리가 길을 건넌다
눈에는 가득 큰 검은 색이 담겨져 있다
뒤따르는 눈 밝은 효손은 보이지 않고
너무 느리게 걷고 있기에 정물로 보였지만
몸에서 늙은 안식이 뿜어져 나온다
아무 것에도 관심을 갖지 않는 눈빛이 아래로
아래로 떨어져 지하에 스며들고
아스팔트 덮인 땅은 발자국도 남지 않는다
길 위에 쌓인 숱한 아우성이 사뿐히 밟힌다
놈이 포획하려는 먹잇감도 자취를 숨겨가고
강건했던 발톱도 닳아 덜컹거리는 소리를 낸다

한 눈이나 결코 옆 눈을 보이지 않는
누더기에 털 빠진 옷을 입은 고양이가
포기한 것은 아무 것도 없다 새벽에
누구도 가지 않은 길을 넉넉하게 건너는 발톱
곧게 뻗은 수염에 돌아오는 봄이 있고
무섭게 곧추 세운 꼬리가 하늘을 받드는
기둥이 된다 먼 길 달려 온 새벽은 적당하게
늙은 고양이를 위해 빛을 숨길 줄 안다
어둠살이 가시지 않은 가슴을 열고
간밤에 풀어 놓은 고양이를 불러들인다
길이 한꺼번에 눈 뜨기 시작한다 천천히
텅빈 동공을 늙은 고양이가 지나간 뒤다

붉은 아침

눈꺼풀에 출렁거리는 벽을 열면
동녘바다로 난 외길을 따라
식탁 위로 아침이 걸어왔다
누가 불러 오는 것이 아니다 아침은
숱한 발자국이 남은 모래톱에
불운을 액땜하던 노래를 파묻고
낮은 담을 넘어 밀물져 왔다
간밤 내내 비바람 치던 창틀 속에
어눌한 불구가 구겨져 쌓였다

꼬리에 불빛을 켜들고
서녘으로 몰려가는 개똥벌레들
해안 솔숲에 날개가 떨어졌다
쌓인 깊은 잠을 떨친 애인은
강구에 노을 빛 옆모습으로 와
시든 갈댓잎을 물끄러미 보았다
떠나는 누구도 손을 들고

강 끝에 이별을 전해주지 않았다
마른 얼굴로 골목에 앉아
구두끈을 고쳐 매는 굽은 등허리가
밤새 이슬을 맞았다
푸른 갈댓잎 흔들어 울어 줄 바람도
아직은 내 깊은 잠 속이다

애인이여, 굳게 닫은 눈을 떠라
기지개 켜며 건강한 살빛으로 그대
입술을 칠하던 내 몸살이여
속 쓰림이 절며 오는 창가에 선
표정 굳은 나무들이 한길로 나섰다
오는 시간은 믿을 수 없고
추락한 꿈이 말을 잃었다

거리마다 설레는 잠이 내리면
숨은 노래가 밀려 와 돌아누웠다

천년을 소리 내 우는 갈대 잎으로
발빠지던 갯가 젖은 땅을 지나왔다
푸른 불빛을 켜들고 서녘으로 가는
숲에서 만나는 여름 밤바다
절며 내게 오는 수평선은
누가 버리고 간 칼금인가

고요하게 물이 나간 아침
밀물 때도 바다는 돌아오지 않고
겨울 긴 밤 옷자락에 감겨
해안 가까이 근육 뜨거운 사내가
하얗게 누워 뒤채이던 물결
돌아 와 깊은 수심을 들여다보았다
불타 버린 유년이 재가 되어
불빛을 켜들고 서녘 하늘로 가고
시작하는 바다에 강물이 안고 오는
붉은 종소리를 들었다

2

봄길

영악한 아이들이 젖은 골목을 버리고 잠에 들었다
고물장수가 발자국을 거둬간 뒤 여윈 골목끼리
어둠 속에서 은밀하게 만났다
골목 안 이발소 모퉁이를 야경꾼이 돌아나가고
뒤따르는 호루라기 소리가 넘어진 그림자를 불러
등을 두들겼다
기울어진 집 봉창으로 쏟아져 나온 여린 불빛에
쉽게 놀라는 길고양이가 몸을 숨기며 아이들 깊은
잠 속에다 오줌을 비끌어 맸다
산복도로 살찐 내장에 몰래 쥐를 키우던 샛길은
숨어가는 통금 사이렌 목덜미를 잡아챘다
작은 골목이 흘러가 다시 어디어디 빈터에서 만
날 때 두 눈에 꽃을 켜들고 깨어나는 아이들이다
잠에서 깬 꽃이 오줌을 누었다
빛이 죽은 골목으로 눈먼 봄이 쏟아졌다

허공순례

즐겨 다니던 술집 하나를 지우고 슬그머니 회색 빌딩이 들어섰다
발에 익숙하던 허공 하나가 사라지고 더 작아진 하늘에 눈 아픈 길만 남았다
갈 곳 없는 술꾼 몇이 찾아왔다가 돌리지 못한 발자국을 서성거렸다
입술에 물집이 나도록 다녔던 길이 낯선 입맛을 거부한다

덤으로 쥐어주던 한 줌 미역나물도 그립고
한 병 더를 외치던 남은 취흥은 어느 골목 그늘에다 토한 술기운일까
새벽 집산을 오르던 검은 비닐봉지 속 동태는 끓어 넘칠까
옷 걸어 둔 전봇대 아래 챙기지 못한 구두가
세상 끝에 앉아 도리질하는 아침 출근시간
자동문에 걸린 어둔한 말이 스쳐갔다

사치스런 낭만, 한 시대는 그렇게 흘렀다

밝아오기 시작하는 문 밖에서부터
할증료 없이 택시를 타던 먼 기억이
점차 가까워지는 땅거미로 벽 위에서 방금 도착한 노숙이 함께 누웠다
낡은 내 선술집이 헐린 뒤 담고 싶은 말을 여백에 숨기기 시작했다
나무 탁자와 잘 어울리는 의자 사이
낯익은 수다는 그곳에 잠들었다

내 사랑 지어미

늑골 시린 겨울 아니라도
둘로 갈라선 하늘 아래
얼음 강에 달아나는 실금을 따라 왔다
동쪽과 서쪽 혹은 아침과 저녁으로
서로 얼굴 붉히며 등 돌리고 섰다

구름이 하늘을 가려 잠들던가 어디
물을 막아도 넘치는 임진강은
이 땅 어느 모퉁이에 살아 있던가
도요새는 남과 북 어느 가지에 가려앉아
차별 나게 울고 있던가
얼굴 맞대고 삿대질하며 오금 저리는 우린
얼마나 왜소한 것이냐 뜬금없이
시시때때 눈물 많은 우린
얼마나 가슴 작은 풀이파리더냐

오랑캐라 헐뜯고 미제 앞잡이라 비방하고 그렇게

한 핏줄인 동포를 삿대질해 얼굴 붉힌 적이 많다
북녘 땅 말만 들어도 형무소 가기 예사고 조문하는 일에도 어린 백성들은 벙어리였을 그때 북에서도 그랬을까 알 수 없다
알 길 없는 북녘은 타국 섬보다 더 먼 기억으로 남겨지지만 포성 오가는 전쟁터에서도 여자는 아이를 낳고 싶어 했다

목화밭 뜨거운 도랑가에 잠 든 여자는 이 땅 숨결 같은 어머니
한 핏줄 줄줄이 낳아 금도 없고 줄도 없는 땅, 끝없이 걸어가 만나보고 싶은 사람이 있다
내 사랑 지어미, 남남북녀 노래 불러도 이 땅에서 그것은 죄가 되리라
그대 알 수 있는가 스스로 어둠이 되는 얼음 강에
깊어지는 실금이 먼저 건너가고 있음을

불난 집

새로 지어 입주한 집에 불이 났다
곁에 물이 있기 전에 스스로 키운 힘으로 집을 태웠다
불 위에 던지기 전에 물은 너무 멀리 있었다
불은 물과 상관없는 곳에서 바람으로 켰다
들판 쥐불로 놀거나 숲속 방갈로 식탁 위에서 타는 촛불로 얼굴을 흔들었다

그러나 문이 문제였다 불은
기다렸다는 듯 틈을 비집고 밖에 나가 혀를 데였다
옷이나 식탁, 나무와 플라스틱 맛을 보고 살을 태운 뒤 뼈마저 삼켰다
세탁기에서 시작한 불은 시간 간격을 두지 않고 한 자리 가만있지 못했다
벽에 안창홍 가족화도 태우고 옷과 커튼, 젖빛 유리창을 깨뜨렸다
신발장 안 아껴둔 외출을 태우고 자주 입던 양복

도 그슬렸다

남긴 흔적을 거두어가지 않는 불은 거실 벽에 끼어들어 가족사진 가슴에 상처를 새겼다

가두어 둔 불이 폭발해 낡은 집이 헐리고 새 집이 생겼지만 씻기지 않는 상처는 돌아오지 않는 물이 문제였다

공 굴리는 피에로

누운 채 공을 차올리는 눈물 표정
집으로 가는 발에 따르는 달이
허공에서 공을 몰아 간다 너는
눈물 안에 웃음을 만들고 있구나

나무가지 위로 빠르게 몰입하는 달이
가슴 뚫린 사람을 유혹한다
구석기 시대 눈물 속으로 숱한
슬픔에 빨려드는 빗살무늬가 있고
돌도끼 빚던 손이 풀숲을 헤치면서
그때부터 죽어라고 왜, 공만 따라붙었는지

발끝에 눈물을 달고 달을 굴렸다
달로 가는 발에 생을 걸었다
달문에 빠져 흔드는 손수건
내가 차올린 달은
누구의 가슴에 남은 눈물 흔적일까

집에 가는 길

대륙성 고기압이 밀려오는 낮은 지붕에 갑바를 둘러 쓴 낡은 겨울밤이 웅크리고 앉았다

사정없는 추위에 떠는 몇몇 별이 함께 숨었다

마중 역으로 나갈 때 한기에 몸을 떨었지만 집에 오르는 골목에서 땀내가 났다

길을 파내고 하수구를 만들던 생각이나 고치다가 발 빠진 종이지붕을 석면 슬레이트로 개량한 뒤, 비 오는 날 자취를 감춘 양푼이에 빗물 떨어지는 소리가 문득 그리워지는 저물녘, 골목은 노래도 없이 까꼬막을 올랐다

올림픽을 앞두고 개량을 하라기에 아래채 슬레이트 지붕을 걷어내고 슬라브를 쳤는데 윗채 보다 높아졌다

대주가 죽는다는 말에 본채까지 허물고 빨간 벽돌 2층을 올려 세웠다

입주한지 3일 만에 압력 밥솥이 터져 천장이 온통 밥풀로 매달리던 두렵고 우스운 밤도 지나가고
누가 볼까 책꽂이 뒤에 감춰 두었던 뜨거운 SY-44 체루탄 파편, 가슴 두근거림이 어디로 갔는지 알 수 없을 때

세워둘 곳 없어 갓길에 둔 차가 거푸 주차위반 딱지를 붙이고 몹쓸 산동네로 몰아세우기도 하였지만
집에 불이 나 식솔을 데리고 처가에 살아야 할 때 말없이 그리워지는 동네, 뼈 속에 몸살이 났다
집에 쏠린 애증도 모서리가 닳아 쉽게 잠에 빠졌지만 본적은 그대로 슬레이트 무허가다

서산을 바라보다

한가롭게 뽑아야 할 풀을 갖지 못했다 잘라야 할 나뭇가지도 두지 않았다 서툰 습작에서 풀 대신 말을 뽑아 죽이거나 나뭇가지 대신 말 바꿔치기를 하는 수밖에… 처음부터다

눈이 침침해지면 무엇으로 대신할까 귀가 어두워지면, 이가 빠지고 나면 무엇을 할까 삭신이 굴신하지 못하면 무엇을 할까
공원 한편에 지정된 나무의자 하나 갖지 못하고… 누구와 손잡고 배회할 거리도 없이… 기웃거려야 할 주점이나 카페도 뒷골목에 없다는 거… 마음 터놓고 말 나누고 싶은 이웃도 없다는 거…

어쩌나, 어제처럼 병원을 거쳐 약국에 들렀다 평생학교에 가서 맨손체조를 틀렸다 가고 싶은 천국도 마련해 두지 못한 채 지상에서 마지막 사랑해야 할 이도 없다는 거…

저무는 서산에 걸린 초저녁달을 노려보았더니 몹쓸 달은 저 혼자 입이 찢어져라 웃고있다

기러기 아빠

고층아파트 옥상에서 새가 떨어졌다
기러기 빛나던 날개가 추락했다
지상에다 따뜻한 집 한 채 짓지 못한 채
식솔들 떠난 작은 구멍 속에서 몸 구부리고
참내하던 슬픔을 혼자 덜어냈다

누구도 흉내 내지 못할 폐곡선으로 떨어지는
기러기 등을 떠미는 누가 옥상에서
예각을 곤두세우고 차례를 기다리고 섰을까
떠밀려진 아버지가 날개도 없이 추락한다
짐 진 어깨를 풀지 못한 자유낙하

가벼워진 몸이 지상으로 내리는 때
가로등 불빛이 홀로 붉어서
가는 길을 위로하는 것일까
지상에 닿지 못한 편지가
한낮에도 해독되지 못한 꿈이다

목각인형에 기대어

불구로 뭉쳐진 옹이를 잘라내고
죽은 나무에게 수작을 걸었다
누운 키를 켜서 속살을 들추고
숨어 지내던 나이를 들여다보았다

빛을 향하는 끌과 망치는
가지런한 예각으로 시각을 빌어 와
깊은 눈에서 달빛을 퍼냈다
부피 속에서 살결을 솟구쳐 올리면
갈아 앉는 형상은 단단한 목질뿐
나무는 흔들리던 속살을 토했다

바닥에다 숨겨놓고 나온 말은 어쩌면
영원히 들키지 않을 암호
빛나는 살내를 풍기며 공간을 유혹한다
내 침몰 위에 살아나는 눈이다

뒷모습을 감추고

돋보기에 낡은 빛이 모여드는 오후
건강사전 위에 놓인 안경알이 눈물을 풀어
노을은 굴곡진 길로만 몰려왔다
휴식은 환상을 깨고 걸어 나와
빛이 덜 바랜 큰 봉투 속으로 갔다
은퇴 앞에서 쓸모없는 짐들을 챙기고
버려야 할 시간들을 불 위에 던졌다
제복과 제모, 하얀 식솔들이 떠났다
할부도 외상거래도 끊어진 저물녘이 먼저
후문 밖으로 빠져 나간 연기였을까
길을 묻어버린 마지막 퇴근
이보다 더 좋은 날은 달력에 없다

탈춤을 추다

넓은 벌판 텅 빈 이마에 달이 불거졌다
숨기고 싶은 처녀적 붉은 가슴이 솟았다
혹 여럿이 어울려 관절을 꺾으며 놀았다
어둠에 흔들려도 강물은 저 혼자 흘러들었다
우리 마당에서 얼마나 흥겹게 놀 수 있을까
적막 강 속에서 따라 붙는 그림자, 솟아오른 혹이
소매 끝에서 펄럭였다 강물 전 생애가 출렁거렸다
사발에 뜬 맹물 같은 노래, 웅덩이 흙탕물 같은
춤들, 얼굴에 남은 웃음 문신이다

북소리 맞춰 새 날 뜨겁게 돋는 혹, 망설임은 맹
인의 잠든 눈으로 오라 눈꿈적이 눈 밖으로 오라
흙을 밟고 선 뼈 속 가락을 뽑아 소리 없는 웃음이
되라
치켜 든 고리눈 사이 움푹 패인 주름, 앞산 황토
길 못 다 끈 산불을 따라가는 진달래, 뒷산 풀잎
사이 숨은 두견새, 흙 한 모금 머금고 비끌어 쥔

영산홍 숨긴 가락에도 혹이 터졌다

탈이 난 사람들끼리 모여 춤을 추었다 얼굴 가리고 생을 아무 것도 아니게 못하듯 앙다문 입술로 한 이레 지나 가슴 앓더니 혼자서도 흔들릴 줄 알았다 출렁거릴 줄 알았다

터지지 못한 혹이 불거진 벌판 위에다
신명난 달이 춤을 터뜨려 강물을 흘려보냈다
말 못해 돋은 혹들이 마당에서 놀았다
별이 떠난 생시다

이미지 낚시

만나면 쥐어박으리라 몹쓸 그놈, 10년 만에 만난 친구와 주고받는 눈길 속에 난데없이 끼어들어 한몫 챙긴 뒤 증발해 버리고, 목간통에서 얼굴만 쳐들고 있을 때, 혹은 두 손 묶인 이발소 의자에 앉아 있을 때, 막 드는 잠의 목덜미 속으로 파고들며 불현듯 밝은 몸으로 나타나 불같은 욕정을 일으켜 세우기도 하고, 까마득한 절망 속으로 투신해 버린 그놈, 신경 온통 흔들어 놓고 낄낄 웃으며 등 뒤로 사라져 버린 낭패한 그놈

고개 숙인 숱한 중얼거림 속으로 막무가내 떠나가는 뻔뻔스러운 놈, 나긋한 팔목을 호려 잡고 쥐어박으리라 무참히 쓰러뜨려 건져 올리는 진한 피맛, 그럴수록 놈은 더욱 고운 눈으로 춤추며 나를 홀리고 뭇 사내와 뭇 계집을 홀리고 내 독자를 홀리고… 하지만 세상을 버리지 못하는 낭패한 그놈, 보았는가 내가 힘쓰지 못할 때 껄껄 웃으며 피투성

이 내 몸 위로 날아 가버린 그놈, 막무가내로 문득 문득 그리운 눈매, 나를 낚아 채가는 그 놈 만나면 콩밥 먹이리라

복숭아꽃

시집전문출판사 편집실 볼 붉은 처녀가
붉은 복숭아를 깎아 접시에 놓았다
늘어나는 팔을 뻗어 눈요기하던 독자들이
맛있게 흩어져 떠난 뒤 작가들이 새로
몇 조각 남지 않은 살빛에 다가앉았다
저물녘에 복숭아 한 조각이 무슨 요기가 될까
남은 몇 조각이 망설임 앞에서 변색되고
퇴근 무렵 쳐다보는 눈에 충혈이 든다
신진 작가가 애써 외면하고 떠난 뒤
유리창에 어둠이 두세 겹 깃들고 나서야
접시에 환한 복숭아꽃이 피었다 시인이
꽃에만 둔 곁눈질로 무릉을 그렸다
날개 붙인 시집이 하늘로 날아갔다

금요일에 젖다

다시는 금요일에 욕 보지 않으리라
유치장에서 밤새우는 일에 더 이상 이력을 붙이지 않으리라
잠옷 바람 아내를 경찰서로 불러내지 않으리라
젊은 순경이 던지는 찬 시선아래 서있지 않으리라
고개 떨군 체념으로 용서를 구걸하지도 않으리라
커다란 목소리로 위선을 가장하지도 않으리라
뒷문 답답한 출구를 찾아 나서는 굴욕도 없으리라
목메 외치는 목소리에 귀 여는 화해도 않으리라

가장자리에서 쉽게 맹세를 뒤집으며 술은 다시 찾아오고 귀가길을 지하보도에 토했다
그러나 얼마 지나지 않아 발을 뽑지 못한 눈에 충혈이 들고 다시 주점 앞에서 차가 견인 당했다
목숨 걸고 마시는 버릇에 아내가 붉히는 눈시울 차마 보지 못했다

마지막 외출

열려있어도 문지방을 넘지 못했다 출발을 알리는 종소리가 몸을 마비시켰다 동상에 헐어터진 발가락부터 잘랐다 아직 이른 것인가 일각에서 허물어지는 그림자가 겨울비 속에 웅크리고 앉았다

침묵 뒤에 저려오는 팔목이 다리까지 돌아서 가려 하지만 말하라 그대 침묵에 무너졌던 수많은 입맞춤들, 움이 터 숲을 이루고 불구로 남은 그 산다화 골격처럼 마지막 다툼 속에 문을 나선 뒤 밖으로 전 생애가 무거운 깊이로 못을 질렀다

숲 가까이 까닭 없는 바람이 와서 운다 내가 가진 것은 바람밖에 없다 밝히라 대낮에 듣는 숲의 비명을 그대 안주머니에서 당당하게 흉금으로 꺼내어 보라 보이고 싶지 않은 퇴락한 뒤안길에서 살아나지 못한 불온했던 꿈들, 수세기 전 기억처럼 쓸어갔다

개지 못한 이부자리에 남아 있는 볼멘 그림자를 털어 냈다 더운물을 부어 그림자를 녹여 심장 함께 활활 창을 열고 맞이하는 이 겨울의 작은 은혜, 따사로움 같은 눈들이 밧줄을 잡고 암흑 속에서 사계를 얼어붙어 있던 울음 찍힌 심장을 들어냈다 겨울밤 별 이야기도 쪼인 후다

이제는 떠나자 늦지 않도록 떠나지 못하는 망설임이 사지가 절단되는 소리를 들었다 궁핍한 눈에도 선뜻 어리는 몇 마디 죽은 언어를 데리고 외출을 기다렸다 눈앞에 파릇한 벌판이 섰다

결정적인 순간은 오지 않는다

학교를 일찍 파한 조무래기로부터 일 없는 노인까지 깊숙한 의자에 앉아 결정적인 순간을 기다렸다
불이 꺼지면 낡은 영화는 시작되고 벌써부터 깊어지는 오르가즘에 빠져 들었다

본영화는 처음부터 비 내리고 목이 쉬어 남아 있는 이 시대 마지막 남녀 간에 애정이 무르익어 갈 때쯤 부끄럽고 수줍은 관객들이 휘파람을 불거나 야릇한 비명을 질러 수줍음을 드러내면 자막 없는 무성영화는 굵은 눈물을 좀 더 쏟아낼 줄 알았다

젖은 영화는 어느 순간에 끊어져 격정적인 소리만 남아 가슴을 적셨다
노골적인 야유를 보내도 영화는 다시 사랑이 무르익고 그러나 결정적인 장면은 오지 않았다
기다리는 그 순간들은 율법을 넘지 못하고 가위질 당한 채 좌절하기 일쑤다 어둠이 늘 문제다

어둠 속 남녀 주인공이 내쉬는 숨소리에 휘파람을 불며 기다려 보지만 애들은 모른다 결정적인 순간은 쉽게 오지 않는다는 걸 어른이 되어서도 알지 못했다

볼트와 너트

지상 30미터 허공은 버리지 못한 현기증이다
볼트가 다녀간 뒤 기다리던 철주가 흔들리는 줄을 타고 왔다
하늘로 뻗은 기둥과 기둥 사이를 묶기 위해 볼트와 너트가 신경을 세웠다 몸 흔들려도 그러나 기다려야 했다
어지러운 지상은 내려다보지 말고 멀어질수록 아름다운 것이 기다림이라는 걸 안다
비틀거리며 이동해 온 빔이 손아귀에 들고 기둥과 기둥 사이를 비끌어 매기 위해 구멍을 찾았다
건너편 조씨도 재빠른 손놀림으로 철골을 고정시켰다 볼트와 너트의 구멍은 쉽게 맞지 않았다
맞추어도 어긋나기만 하는 길 밖에 사랑은 못난 입술처럼 딱딱하기만 하다
비틀어 구멍을 맞추고 볼트를 끼운 뒤 흔들리지 않게 조이면 허공 하나가 사각 틀에 갇혔다
철골 구조가 구름을 타고 흔들렸다 흔들려도 무

너지지 않는 성채

다음 철골이 올 때까지 기둥 가로대에 걸터앉아 지상을 향하여 기침을 뱉고 연기를 뿜었다

이쪽 하늘을 올려다보는 건너편 조씨가 웃었다

며느리가 안겨준 손자 고추 생각을 했을까

연기 사이로 흔들리며 올라가는 고층, 하늘은 높은 허기를 먹고 네모난 감옥에 갇혔다

따뜻한 이름

서리 발자국 지나간 벌판에 서있는 아버지, 손가락이 굽고 발바닥 헤진 채 눈물자국 속으로 걸어가서 늦도록 이름을 불러본다

짙은 그대 입술처럼 들에 가거든 흙을 헤쳐 아직은 따뜻한 살을 만나고, 살이 떠나고 없거든 검은 뼈를 만나고, 뼈마저 없거든 더 깊이 파내려 간 흙 속에 하늘을 지나가는 아버지를 불러 다오

벌판에 세우는 굳은살이 이웃들 잠을 채울지라도 곁에 남은 혹은 내가 세우는 뼈의 높이가 어린 자식 남은 침상을 덮을지라도 아버지, 저물녘 허기를 뱉어내 하늘을 물들인다

기억 속에 남은 체온을 둘러쓴 아버지, 이름이 아직도 거룩한 어스름녘이 되어 벌판을 뒷모습으로 걸어간다

외딴집 구멍가게

하루에 두 번 다니는 버스 정류장 곁에
손님이 들것 같지 않는 구멍가게를
머리카락 하얗게 센 할머니가 지키고 앉아
종일토록 들판을 내다보고 있는 것은
먹이 찾아 기특하게 내려앉는 갈가마귀 떼를
지켜보는 일 말고도 행여 길을 묻는 나그네가 있어
한마디 말이라도 던져보고 싶은 뜻이
가게 보는 일보다 더 많은 것이다

건빵이 든 봉지위에 묵은 먼지가 하얗고
오랫동안 손이 가지 않은 진열대에
이 빠진 물건들이 채워지지 않은 채
듬성듬성한 졸음들이 수시로 지나갔다
양지쪽에 앉아 졸고 있는 갈색 털 늙은 고양이도
손길이 귀찮은지 곁에 와 주지 않았다

티비는 소리를 잃은 지 오래 되었고

내리는 사람이 없어 버스는 그냥 지나쳤다
멈춰 선 버스에서 기껏 한 두 사람 내릴 때도
애써 길을 묻는 사람은 없었다
한 달이 지나도록 사람구경 못한 할머니는
가게 밖을 내다보는 궁색을 보이지 않았다

들판이 얼마나 자주 변하는지 아는 사람이라면
외롭다거나 쓸쓸하다는 말은 모를 것이다
바람이 몰고 다니는 지푸라기 운행이나
떨어져 뒹구는 낙엽들 모여 길손이 되어주는
겨울이 깊었는데도 고개 숙이지 못하는 억새가
지치도록 몸 흔드는 바람에 얼마쯤 견뎌낼 것인가
가늠하는 사이 하루 햇살은 사위어지는 것이다

추수 끝난 들판 끝에서 밤이 왔다
버스도 끊어지고 갈가마귀 떼도 집으로 돌아간 뒤
어둠은 서서히 몸을 불리면서 들판을 덮고

아무도 오지 않는 낮은 지붕도 감췄다
누구를 기다리고 있는지 늦은 밤에도
구멍가게 여린 불빛은 꺼지지 않았다

우주를 가던 소리들이 모두 잠적해간 길 옆
지상에서 낮은 지붕이 켜든 등불 하나
가물거리는 눈빛을 보살피기 위해선지
하늘에서 숱한 별들이 등불을 켰다 껐다 하며
번갈아 피우는 재롱을 멈추지 않았다
할머니가 잠든 줄도 모르고 새벽이 올 때까지

새벽이 오자 어둠은 스스로 물러났다
들판 끝으로 가서 누가 볼세라
밤새 별들이 피운 재롱을 거두었다
몸단장을 끝낸 할머니가 가게에 나앉으면
어느 틈엔가 몰려 온 갈가마귀 떼가
새 버스가 당도할 때까지 눈요기가 되어주었다

명품

채칼을 꺼낼 때까지 그는 잡상인이었다
하얀 타원형 얇은 판에다
오이를 가는 시퍼런 솜씨가 명품이다
오이 얇은 막이 손등에 붙여졌을 때
지하철 3호 객실은 미인나라로 떠났다
모기물린 자국에 특효, 기미에 효과 만점…
숨 돌릴 새 없이 귀와 눈과 손등을 끌어다
사과나 감자, 배를 갖다 붙이는 말
한 눈마저 잡아다 미백해 놓았다
싱싱한 여인네가 별을 찾아 몰입하고
팔뚝이나 볼에까지 붙여진 오이막을
쉽게 떼 내지 못하는 늙은 아내들도
단돈 이천 원으로 명품을 샀다 별을 꿈꾸며
금세 밝아진 여인들이 요실금에 젖을 때
손잡이 흔들리며 어둠에 흡입되는 지하철
출입금지 당한 명품이 밖에서 웃었다

3

말 뼈

길가에서 엄마를 기다리다 지친 소년이
힘껏 던진 돌멩이가 집을 다치게 한다
지붕 아래 숨은 개구리 울음을 아프게 한다
여린 심장에 피 흘리게 하는 일이
지붕 위에 숱하게 널려 있기에
말에 박힌 돌은, 뼈보다 더 무섭지만
돌이킬 수 없는 생채기에 금이 간다
말 한마디에 부드러운 눈빛을 담고
한쪽 귀에 달콤한 입술을 담는 오랜동안
그대 가슴은 어디에 서있는가
말에도 귀가 있고 눈이 있다면
성난 손으로 칼을 들어라 그리고는
재빠른 발로 돌을 쓰러뜨려라
지친 말로는 입김을 나눠 줄 수 없다

은퇴 후

주체할 수 없는 잠이 시간을 죽였으면 좋겠다
마구 퍼주어도 말없음표는 문 밖으로 넘쳐나고
누구도 주워가지 않는 시계바늘이 끊어졌다
빈손이 무겁다는 이유를 처음 알았다
무게로 눌러 앉은 바다에서 파도를 타고 놀았다
쉽게 논다는 무료한 칼날을 손에 쥐어 다오
낡은 잠을 절단 내고 말리라 남는 시간에
쉽게 흔들리는 풀잎을 잘라 허공으로 돌려보내기 위해 눈에 불을 켰다
누군가 걸려들기만을 겨냥하며 이 방 저 방에 그물을 숨겨 놓았다
보이지 않는 곳에 돌을 가는 날카로운 시간이 있어
나를 겨냥하는 눈빛이 유리창에 부딪혀 불꽃이 탄다
죽여도 남는 시간을 네게 주어 날게 하라 손자야
옆구리에 간지럼 먹이고 날아가는 네 웃음이 좋다

지나온 길들에 관한

아침 거울 안에서 도피한 뒤 저물녘에도 그랬다
꼬리를 물고 찾아오는 날선 시선이 거울 속 아니라도 등 뒤에서 불을 켰다
머리카락도 물러나고 피부에 남은 물기도 마른 그늘 속으로 피해갔다
길을 쓸고 지나간 청소부가 흐트러진 발자국을 남기고 갔다
남들처럼 지나온 길들에 관한 풀잎 또는 돌부리에 채인 바퀴자국은 남지 않았다
꺾이고 낮아지기만 하던 숱한 눈을 피하고 싶어 거울 속 보이지 않는 곳으로 키를 낮췄다
그러나 몸에 남아있는 흔적은 하얗고 눈치밖에 남지 않은 강변 자작나무 이파리
불혹의 가장자리에 떨어진 낯선 이름처럼 거울 속으로 가고 싶은 눈이 있을 뿐
몸이 먼저 쏠리는 도피를 달래지 못한다

고맙다

고맙다 쉽게 눈 뜬 아침에 수족이 멀쩡하다는 것, 오랜 가뭄 끝에 내리는 비를 단비라 하는 이유를 알겠다 살아있어 주었던 풀아 고맙다 말없이 뿌리를 적시는 안개비도 가녀린 생명을 다시 볼 수 있다는 것도 눈 끝에 아침이 있어 더 실감나는 손등이다

그 뿐이 아니다 장마 끝에 따갑게 펼쳐지는 햇살이 고맙고 내 가족과 이웃들의 웃음소리가 나를 더 가슴 뛰게 한다는 걸 느끼는 것, 그리고 푸른 숲과 넓은 바다가 있다는 것, 이른 아침 학교 마당에서 걷기하는 노부부를 바라보는 눈이 멀쩡하다는 것

고맙다 풀아 나무야 그리고 태양아 비야 세상 끝에서 숨 쉬는 풀벌레들아 기어서라도 화장실에 가는 축복이 아직은 내게 남아 있어 더 사랑스런 발이다

잔인한 2월

가난한 사람에게 2월은 잔인하다 반도에는 예보와 상관없는 바람이 불고 비가 온다 정강이 뼈마디에 치매 근이 박힌 영동할매도 2월엔 딸을 찾아 나선 길에서 헤매기 일쑤다

이 골목 저 골목 기웃거리다 며느리에게 퍼붓는 성깔은 아직도 여간 아니다 날 새면 물러갈 패악이지만 며느리 눈물로 비가 오고 딸네 울화통에 바람이 분다

집이 부실한 이웃에게 2월 상순은 열사흘 밤에 드는 비바람이 웃이다 바람이 흐르다 결빙 당하는 골목에서 이웃 발끝을 걸어 넘어뜨리기도 하고 가만 두지 않겠다며 골목 어둠을 닦달하기 일쑤다

겨울을 덮어주던 지붕이 펄럭거릴 때 대문을 두드리는 비는 낯선 사람 사이에서도 수다가 깊다

수양딸 삼아 움 틔울 눈을 보려는데 숨죽인 겨울 가지를 붙들고 앙칼진 울음을 삼키다 그만 혈흔 같은 매화꽃을 기어이 터뜨리고야 말았다

손두부

자, 따끈한 손두부가 왔어요
김치에 싸서 먹으면 맛이 있는 손두부
담백한 맛이 기찬 손두부가 왔습니다
금방 만든 손두부
한번 지나가면 다시 오지 않습니다

얼맙니까? 천원입니다
보들-보들, 야들-야들, 손두부가 왔어요
손두부 주세요, 나도 주세요, 여기도요
시끌벅적한 뒷길 자유를 만끽한다
여기 저기

잠 바깥에서 들려오는 군침 도는 소리
원 없이 먹어 봤으면… 저벅저벅
트럭을 몰고 온 손두부 종소리가
구치소 담 밖을 식전부터 맴돌았다

밥과 동아줄

열은 실오라기 한 관계가 밥을 찾아 간다
마른 발자국이 끌고가는 절실함
한 낱만 있어도 그 새를 비집고 드는 눈 밝은 칼날은 피할 수 없다
실마리끝에 동아줄을 걸고드는 데야 누군들 견뎌낼 수 있을까

내가 먹히듯 그렇게 누군가에게 칼을 꼬나 쥐고 다가선다 일격에 쓰러뜨릴 말 하나 흉금에 시퍼렇게 간직하고 상대 눈을 찌르기 위해 밝게 웃었다

경계심 풀지 않고 그도 웃고 있지만 나는 그 웃음이 감춘 이빨을 찾아내 한 올 남김없이 벗겨낸 뒤 눈에 파놓은 함정에 밀어 넣었다 깊이
그 어떤 실오라기는 누군가를 고약하게 만드는 견딜 수 없는 상처
나는 상처가 남긴 밥을 먹고 산다

달맞이꽃

낡은 종이지붕 위에 달빛이 내렸다
상처 난 푸른 산소를 걷어 낸 뒤
먼 길 숨어 온 해맑은 달빛에
지붕 위에 앉아 떨며 몸서리치며
지상에 내려오지 못한 노란 아이가
어지러운 눈을 감고 웃었다

돌봐 줄 엄마는 가까이 있지 않고 내내
오지 않는 아침을 기다렸다
지붕이 달빛에 삭아 내릴 때까지

돌아누워 아픈 속내를 감춘 달빛이
한 번 꿈틀거려 보았지만 너무 멀다
처마 끝에 매달린 아이가 떨어졌다
비명도 없이 달빛이 부서졌다
새벽이 와도 일어서지 못하는 풀잎들
펄럭이는 달빛을 먹고 꽃을 피웠다

여백에 숨다

중앙동 지붕 날카로운 모서리에 산동네에서 몰려온 새털구름이 걸렸다
어디로 날아가지 못하고 유리창에 매달려 손가락 힘이 죄다 빠져나갈 때까지
기울어진 어깨 바로 세우지 못한 가로수가 구름을 먹고 입술이 얼어붙었다
휩쓸린 물거품이 출렁거리며 하늘기둥을 부르고
발그림자 잠긴 도시 그늘 속에는 손을 놓고 추락해 살고 있는
떠나고 싶어도 떠나지 못한 나팔꽃이 목줄에 매달려 울부짖었다 구름을 향해
컹컹, 다시 울었다 상처를 토하는 늑대가 아니다
온갖 두려움이 가까워서 돌아갈 집은 아득하다
얕은 산 깊은 숲 어디에다 내 집을 만들까

나는 통로다

네 입술로 건너가지 못하고 있다
푸른 입술에서 붉은 입술로
잘 가는 물이 되지 못하고
갑갑함이 어디로든 줄행랑치지 못하게
앞뒤 사람과 함께 발목 묶인 채
벌판 네거리에 서서 나는
비켜 설 수 없는 통로가 되어간다

환한 날 비로소 한 길이 되었을 때
간이역에서도 닫히지 않는 철로처럼
가슴을 관통해 가는 터널이 있다
터널 속에 웅크리고 앉은 이웃을
회피할 수 없어서 나는 그렇게
사람들이 어디로든 갈 수 있는
신호등을 걸고 선 네거리였다

파도 풍경

지하철 초량역 심심해하는 벽에다
손톱이 파도를 그려 넣었다
내 길은 낮바닥 두꺼운 벽에 숨었다
쉽게 밟히는 무지렁이 숨죽임을 버무려
꿈틀대는 촉감을 더해 새겨 넣었다
벽에 손을 짚는 순간 출렁이는 그것은
내 몸을 먹었다 토했다

숨어있는 파도가 몰려왔다
이웃들 가슴에 생물결을 불러 와
새와 물고기가 놀고 있는 화석에
오르가즘을 몰고 가는 찬란한 전희
늙은 새벽을 향해 교묘하게
끌고 온 해일을 숨겨 놓은 초량역은
자꾸만 무너지는 녹색단풍 뒤로
숨죽임이 울렁거리는 섬이 되었다

불혹으로 가는 길

스무 해 전에는 어른들이 무섭더니만
이제는 아이들이 무섭다
새순 돌아오는 봄, 꽃밭을 꿈꾸지 않고
거친 바다를 버린 지 오래인 아이들
순종하는 길에 나란히 걸렸다
돌아오지 못한 내 화려한 외출이여
가슴 두근거리는 풍경을 지우고
소리하지 않는 강을 그려 넣고 싶을 때
무늬 결 고운 후박나무를 만나러 나는
민둥산으로 가는 기차를 갈아탔다

바람개비가 돌았다

바람을 돌고 있는 바람개비는
눈을 끌어가는 매력이 예사롭지 않다
바람난 막무가내를 멈추게 할 수 없고
바람보다 먼저 춤추는 나를 널어
나뭇잎 흔들리는 상처를 보게 한다
바람 앞을 떠날 수 없는 나는 끝내
겨울 찬 바닥까지 돌고 있는
스스로 돌지 못한 상처를 보였다
바람을 열고 들어가 보면 안다
돌고 있는 모습을 감추기 위해
제 상처보다 더 빨리 도는 것이다

우리 시대의 벽화

배탈 난 가창오리 한 마리가
대오를 벗어나서 한 때
새들의 집이었던 을숙도를 지나갔다
저문 강 위를 바삐 날아가면서
참다못해 터뜨린 붉은 설사가
저물녘 도시위에 뿌려졌다

부끄러움에 젖은 새털구름 떼
날아가다 노을에 갇힌 날개가
지하철역에서 벽화가 되는 하단
사람들은 핏빛 물든 강물을 퍼다
목마른 아이들에게 먹였다
아파트에 갇힌 아이들 말투가
새가 남긴 아토피를 토했다

은행나무 곁에서

발톱 할퀸 자국 선명한 손등에
도둑고양이 지나간 뒤 저물녘은
몸을 맡긴 문화로 은행나무가
불타는 가슴을 쉼 없이 떨어낸다
떠나는 빛이 깊어져가는 눈 위로
노을은 유리창에 부딪혀 돌아오고
땅거미 속에 진 노란 편지를
책갈피로 꽂아 넣는 침묵이 읽어간다
눈에서 눈으로 유전해 가는 물결이
맹인이 된 네온 불빛, 깊은 밤
쉼 없이 떨어지는 그대 가슴 뿐
가는 강물이 소리 없이 창백하다

북항 아침

햇살 속에서 배가 고파진 눈이 길 건너
잘 차려진 식탁, 북항으로 갔다
키 큰 손이 바다를 퍼 올리고 있는
신선대 부두 안개 물러난 자리
루사가 남긴 상처는 아물고
감만동 거기 아직 몸살이 고여 있을까
허리 굽힌 기중기가 외항선을 달랜다

등 뒤에는 먹어도 물리지 않는 산이 있어
살찐 바다를 뭍으로 나르는 트레일러들
벌판 어디서 황금 식탁을 물고 돌아 와
맏형의 실한 눈빛이 남은 부두에 부렸다
오륙도가 일찍 문을 열었다 아침에
그늘 없는 입술들이 몰려 와 맛있게
식탁 위에 물결을 퍼먹었다

*루사 : 태풍 이름

4

아침 면도

머리를 감는데 거울 속 눈이 따갑다
핏발 선 시선이 노려보고 있다
거칠게 기른 수염을 앞세워 접근한다
불면은 쉽게 꺾이지 않는다
털 깎이는 소리도 내 것이어서 아름다울까
아침마다 들어도 싫증나지 않는 것은
꺾여도 새로 일어서기 때문일까

눈에 든 핏발이 사그라지고 난 뒤
잘 닦인 얼굴은 굴종으로 빛나지만
솟구쳐 오르는 가슴 때문에 다시
봄 문을 밀고 털이 솟았다
밖에 남아 있는 까칠한 한 마디가
아직도 나를 살아있게 하는 것은
작고 쉬이 들리지 않는 숨소리들
포기할 수 없다 다시 오는 아침이 늘
황홀하다는 것, 거짓 눈물이다

해고 노동자에게

니는 그동안 뭐하고 살았노 빈 젖 물고 옹아리하는 얼라처럼 니는 이 세상에 뭐꼬 이 등신아 바람은 부는데 그치지 않고 골목까지 쓸어 가는데

물귀신도 돌아 누울끼다 니 손이라도 한번 잡아보자 우째 그동안 무심했노 남들은 다 거두절미하고 잘도 사는데 그게 무신 죄라고 등신아 감나무에 올라가서 심껏 생방귀라도 끼뻬라 속이라도 후련하구로

그래 그 동안 뭐했노 정말 그래 앞으로 뭐해 묵고 살끼고? 바보 등신처럼 말도 한마디 못해보고 그기 인간이가 마 나가 뒤져뻬라 바람은 부는데 그치지 않고 네 속에까지 훑어가는데

가위소리

평교협 문제로 교장이 날 찾았다
여기에서 무슨 말이 더 필요할까
묵비권은 비굴하지 않아서 좋고
밖에서 가랑비가 벗은 나무를 적실 때
의자에 깊숙이 앉은 가위는
지나간 달력을 천천히 잘랐다
한겨울에도 교장실은 너무 뜨거워
스스로 옷 벗게 만들었지만
그러나 아직 모가지는 붙어 있어서
하고 싶은 말 마구 쏟아 내는데
멈춰 서지 않는 가위 날은
1989년 12월 한 장을 다 자르고
자를 것이 더 없는지 입맛 다시며
빈 입을 연신 달그락거렸다

*평교협 : 평교사협의회로 1990년대 조직된 전국교직원노동조합의 전신

강을 찾아서

꽁지를 강물에 담그던 텃새들이
강바닥을 파내 보를 세울 때
'그건 아냐' 라고 말 못한 입
잡담에 익숙한 그건 입이 아니다

물에 빠진 말들이 강을 죽였다
그때 입을 먼저 죽였어야 했을까
살아있는 입을 찾는 입이
배가 고프다 새들이 떠난 뒤
파헤쳐진 그림자 속에서 강이 미쳐간다

막힌 줄기 안에서 물이 거역하고
물길 위에 진눈깨비 덮여도 강은
'그건 아냐' 라는 짙은 혈색으로
죽은 말을 안고 돌아서 울었다

죽은 강

죽기를 기다려 온 강이 죽었다
입술은 녹색말을 뱉고, 멍 든 몸이 숨을 멈췄다
손발은 진즉 덤프트럭에 매달려 끌려갔다
강가에서 황색 먼지 둘러쓴 갈대가 옷을 벗지 못하고 부끄러워했다
말 없어도 안타깝고 민망하던 때 수중보로 몸뚱이를 절단 낸 강 앞에 서면 나도 목 졸린 강이 되어
창을 열고 보는 책이 아득하다 글이 무슨 소용이랴
돌이킬 수 없는 수치가 몰려 와 함께 돌아누웠다
대낮이 아니라도 옆에 선 흙이 언 몸을 세웠다
치부가 없어도 부끄럽고 갇혀 있는 강물이 서럽다
발가벗긴 불구에 뜬 녹색말 주검을 어찌할까
살기를 기다려 온 강이 살아날 때까지 옷 껴입고
누운 강을 뒤덮은 검은 안개는
이름을 돌에 새겨 기억할 것이다 그리고
다시 흐르는 강물에 가라앉을 것이다

챙 넓은 모자

먼 길 떠나기 위해 챙 넓은 모자를 샀다
그을린 얼굴은 이미 오래여서
하늘을 가린다고 나아지지 않겠지만
챙 넓은 모자가 고마운 일은 있다
된땅을 파다 보면 목덜미 따끔거려
자주 허리를 펴는 불편함도 덜고
땡볕에 부신 눈을 숨기기도 좋다
땅 파는 일이 부끄러운 노동은 아닐진대
그래도 넓은 챙 아래 코끝을 숨긴다
쳐다보는 시선 감출 수는 없지만
실직으로 비굴해진 눈빛이 숨겨지고
보기 싫은 얼굴 애써 피하지 않아도 좋다
먼 가야할 길에 익숙해지기 위해
구덩이 속으로 펴지 못한 몸을
자꾸만 낮아지는 길에 따라 붙였다
챙 넓은 모자는 어느 덧 뉘엿뉘엿
낯익은 풍경 속으로 몰입해 갔다

나무 향

목재소 가까이서 나무향이 났다
전기 톱날에 몸통이 잘리면서 나무가
숨겨 두었던 비밀을 풀어내는 아우성이
멀리까지 와서 코를 깨웠다
서 있을 때는 알 수 없던 내밀한 울음이
쓰러진 몸에서 속살을 끄집어내는 순간
보이지 않는 춤으로 걸어 나와
영혼 끝에서 살아나는 무수한 손짓
그렇게 간직해 왔던 깊이를 내보이며
이웃에게 보내는 마지막 편지
속살은 온통 부끄럼 투성이다

그것은 톱날의 일방적 기대치다
말이 좋아 향이지 어쩌면
전 생애를 순응하며 살아 온 나무가
안으로 새겨오던 나이테를 들키는 순간
낭패한 속내를 감추기 위해 내뿜는

필사에 극한 독설일지 아니라면
스스로를 방어하는 칼날일지
그것은 혹, 내게만 손을 뻗어 보내는
힘겨운 구조신호가 아니었으면 어째
코끝이 찡한 이유를 지우고 싶다

낙원식당

눈썹 선명한 그녀가 미끄러운 어둠 위를 각선미로 걸었다
짧은 치마가 검은 돌거울에 난 그늘을 또박또박 지웠다 그녀가
목덜미도 손가락도 말끝마디도 평양냉면 가닥처럼 차고 섬세할 때
굽고 굵은 손가락으로 오지 않는 마을버스를 기다리는 나는
부지런히 껌을 씹었다 뱉고 햇살 펄럭이며 피를 뽑는 플라타너스
숨죽인 전잎 구르는 길을 따라 걷기에 바빴다
높고 뚱뚱한 집 아랫도리에 길게 내린 그림자에 가려져
모퉁이는 가슴 저미는 네온 불빛을 차단해 주지 못한다

살도 내주고 온기도 다 내주고 남은 11월 저물녘

창유리에 비쳐보며 달빛에 낯바닥을 씻어내도
잘 웃는 그녀 옆 얼굴색 근처에는 닿지 못한다
감칠 맛 나는 알 수 없는 향수향도 은근히 가늘고
연분홍 잇몸을 보이며 살코기를 깨물던 이빨은 미백하여
중앙동 플라타너스 그늘을 지우며 걷는 그녀 짧은 치마 높은 하이힐
또각또각 내 가슴을 열고 낙원식당에 갔다

관계거리

갑과 을이 나란히 길을 걸었다 말이 없다
노을을 향하거나 아니면 땡볕 아래 서로
가까워질 수 없는 간격을 두고 손을 잡았다
나란히 가지 않아도 그들은 갑 아니면 을이다
배부른 넌 갑이 되라 배곯은 난 을이 되어
지극히 개인적 혹은 현실적인 입술로 탁자 앞에서
서로를 속셈하는 눈빛을 가늠해 보자
입가에 맺힌 미소는 엉킨 곁눈질에 들키지 않는다
색이 상반된 얼굴로 불평등 생존협약을 체결하지만
흐르는 물결, 출렁거리는 파도 속에는 언제나
반은 을이고 나머지는 갑이어서 틈 많은 경계는
모퉁이마다 늘 등거리로 충돌한다
아픈 발자국이 갑과 을 사이를 걸어 다니는 동안
머리 위에는 햇살 혹은 곤혹한 비다

깊은 잎맥

잎에는 기둥의 단단한 뿌리가 있다
소심한 잎 낱낱에 새겨진 가지들은
실은 바깥이 보고 싶은 뿌리다
나는 본다 은밀하게 목 말라하던
흘러 온 뿌리가 얼굴에 숨겨져 있어
뒤뜰 오동나무 잎에 그려진 잎맥처럼
뒤집을 수도 지울 수도 없는 오래된
아버지가 투명하게 웃고 계시다
위 윗대 할아버지가 웃고 할머니가 울고
깊은, 먼 외가 뿌리까지 더하고 더해져
몸에 흘러 온 뿌리가 꿈틀거렸다
아, 그러다 어쩌면 지워지지 않는 흉터
실핏줄 타고 온 뿌리가 가느다랗게
새 잎에 얼굴로 숨어가서 뒷날 외손
멀리 가는 뿌리에게 전하기도 한다
손등에 불쑥 새겨진 잎맥을 고스란히
먹어치우는 어린 미소 닮은꼴에 빠져

허우적거리는 피 한 방울
웃음에도 깊은 뿌리가 숨어 있다

다촛점

늘어선 차선 하나가 겹쳐 달아났다
그대 가슴에 쓴 이름이 깨져 읽힌 뒤다
먼 눈, 가까운 입술도 나뉘어
쉬운 한 점을 맞춰내지 못하고
망설이기 일쑤다 언제부터 그랬을까

알 수 없는 숱한 사물들 외곽에다
맞지 않는 초점을 잘게 부순 뒤
흐린 형상들에게 화해를 청한다
거절당한 눈은 땀 흘리기 일쑤다
힘에 부쳐 도달하지 못한다 초점은
주름져 자꾸만 부서지는 사물들에 갇혀
웅크렸다 안개 속으로 달아났다

젊은 예각은 망설이는 사이 무너지고
돌출 부위도 의뭉해질 무렵 안개 속으로
숱한 사물들이 슬슬 풀려나 멀어져갔다

내게 온 화해 속으로 흘려보내는 강물이
소용돌이를 멈추고 편안해 질 무렵
게으름이 날아가는 눈 속에서 풍경은
날개 없이 허공을 가르는 종이배를 타고
돌아오지 않고 은하계로 서로 밀치며
공중 여행을 떠나 주춤거리기만 한다

혼자 하는 일에

나는 점점 익숙해져 간다 늘
걷고, 밥 먹고, 잠드는 일들 그리고
꼼짝 않는 울 밖 젊은 은행나무를 보며
차 한 잔 마시는 일에 몰입될 줄 안다
오지 않는 편지에 답하는 일도
통하지 않는 전화를 거는 일도
누구 조언 없이 잘 참아 낸다
새가 날아와 노래해 주지 않을 때도
기다리지 않아도 되는 편안함 같은
돋지 않은 무수 무수한 잡풀씨앗 앞에서
남는 시간을 서성거리지 않아도 된다
'안녕하냐?' 묻는 숱한 대자보에도
누구도 말리려 들지 않는 직립보행으로
빼근한 목덜미 숙이지 않고 걷는 일에
떨어뜨릴 잎 하나 없는 자유를 가졌다
더 짙고 깊은 잠에 익숙해져 가거나
정한 시각에 잠들지 않아도 된다

훈장처럼

잘 익은 열매, 빛나는 말을 가슴에 달고
산다 눈치 없이 음주에 길 잃지 않고
잘 찾아온 집에 굽 도는 골목길을
뱀처럼 어깨에 걸어두고 기름진 음식을 먹고
체하지 않았기에 살 발라낸 생선뼈를
머리에 꽂았다 지워지지 않게
지리산 종주를 별 탈 없이 마쳤기에
천왕봉을 허리춤에 매달아놓고
어두운 골목 말 잘하는 개를
옷섶에 소리 내는 풍경으로 꼽아
어깨에서부터 허리까지 멋진 꾸밈으로
무거운 길을 돋을새김으로 보며 산다
자랑으로 넘쳐 짓눌린 몸이 출렁거리다
벼랑 아래 찍혀 구부러진 파도
요란한 물무늬 화석이 산다

모르는 시인

시력 삼십 오년이 지나도 그를 몰랐다
티비 화면 속에서 밝게 웃으며
낯선 길을 안내하는 그 남자가
화면아래 자막에 시인이라고 불려 졌을 때
환하게 맑은 언어로 길을 찾는 그를
여태 왜 몰랐을까 깊이 반성했다

숨어 지낸 노란 제비꽃 같은 얼굴에서
샘물 비유가 싱싱 굽이쳐 흘렀다
열대 낯선 섬을 형상화한 다음
허스키한 목소리로 버무려 옮겨진
그의 달디 단 서정시는 날개를 달고
풀잎을 감치는 맛이 되어 젖었다

입맛에 맞지 않는다고 구겨서 버린 시가
휴지통에 꽃을 피우고 향기를 냈다
모르는 시인이 나를 위해

정글 속 숲길을 은유해 주었다
가시나무에 팔이 긁히고 벌레에 물렸을 때
그가 쓴 서정시 늪에 가슴이 빠졌다

오래된 기침소리

책을 열자 기침이 시작되었다
그것은 갑자기 내 몸에 달라붙어
오랜만의 책읽기를 훼방 놓았다

기침소리는 책에 숨어있었다
책장 속속 매캐한 곰팡내와 함께
면면마다 끼워져 있던 체루가스
책을 열자 기침이 살아났다

몇 년 전 그 책을 읽으면서 심하게
기침하였다 그 기억이 났다
그 때 가둬 둔 기침들이
책을 열자 무섭게 읽혀졌다

아직도 끝나지 않은 진절머리
눅눅한 낱장마다 손에 잡힐 듯한 냄새
기침을 했다 책 속으로 몰려가는

먼 훗날 그것은 열려진 책에서
밖으로 참신한 기침을 던질 것이다

그것은 알 수 없다
책이 열리지 않아도 기침은 읽혀져
그렇다 오늘 아침
새로 시작하는 기침이다

촛불에게

1.
고여있는 네 어둠에게 가서
내 살을 태워 촛불을 켰다
이웃에게 가서 눈에 빛을 켜 주었다
출렁이는 가슴이 타올랐다
몸을 싸고도는 어둠이 무너졌다

2.
어둠이 빛을 몰아 겁박했다
압박은 일상의 적들 가까이 서있고
빛은 먼동 끝에서 신음을 삼켰다
내 더듬이는 거기에 닿아 희망했다

그러나 절벽 끝에 돌아앉은 눈빛처럼
모래 되어 쌓이는 불빛들
벌판에 흐르는 물이 만든 모래
살 속에 마주 앉은 나무가 토한 모래

쓰러진 무릎을 일으켜 세우고
꺾어진 골목을 내다 볼 수 없는 곳에서
두 손 모아 바람을 막았다

내가 죽고 네가 산다면
천년을 살아 촛불을 켠다면
돌멩이, 잡풀, 일 없이 구겨진 종이들까지
깊은 속살 떨림을 전해 주리니
돌아앉은 이웃들 불온한 모습처럼
모래 되어 쌓이는 어둠을 보라

3.
우리는 어디로 갈 것인가
네 칼을 덜어 밥상을 놓아라
촛불을 붙이는 것은
네가 죽고 내가 사는 뜻이 아니다
네 안에 밥상 하나 곱게 차리는 일

어둠이 두려운 푸른 입술아
네 살을 태워 불을 켜라
출렁이는 내 가슴이 탄다
네 눈에 빛이 생명이다

가슴에 든 발자국

풀빛 얼룩진 옷이 거리에 서있다
대리석보다 더 차가운 얼굴로
흐르는 강물을 막고 도열해 서서
그늘이 깊어 보이는 시월이다
유신에 젖은 구린내가 옆으로 빠져나가
오랜 겨울밤이 몸을 싸고돌았다
가두어도 새는 노래를 불러 자유로이
빛을 찾아 담 밖까지 흘러갔다
그 때 우린 가슴 뜨거운 젊은이였다

중앙로를 깨우는 다급한 발자국 소리가
더 큰 잿빛 발자국 소리에 쫓겨 달아나던
광복동에서 남포동으로 혹은
남포동에서 대청동으로 부평동으로
찬란하던 쇼윈도 불빛이 차단되고
만들어진 어둠은 가슴이 없다
쫓는 발자국과 쫓기는 발자국소리를 다

숨기지 못한다 역사는 숨바꼭질이므로
손에 쥔 흙냄새가 뛰어갔다
가방 속 책이 몰려 달려갔다
기름 냄새가 뭉쳐 시위했다
서면에서 사상공단에서 또는 광복동에서
무차별 쏟아지는 체루탄 세례 밖으로
냄새들이 골목을 밤늦도록 몰려 다녔다
쫓는 냄새와 쫓기는 냄새가 섞여
한 밤 도심은 부정맥에 빠졌다

셔터를 일찍 내린 점포마다
쫓겨 온 그림자를 담아 주고
준비한 물수건으로 눈물을 닦아 주었다
승리를 확신하는 뜨거운 눈물
노점상들은 빵과 과일을 나누었고
지금은 쫓기는 자일지라도
젊음에 밀려 쫓겨나는 어둠에게

손뼉을 남김없이 보내 주었다

도도한 강물 흐름에 거스르는
무모한 지랄탄이 발 앞에서 터져도
강물은 멈추지 않고 흘러갔다
산하여, 푸른 산빛은 어둠 속에서도
결코 닳아 없어지지 않는다
밤을 새운 깃발들이 아침을 세웠다

밤이 지나고 새벽이 올 때까지
평온한 낮 동안에 든 잠 속으로
밝은 태양은 노래 끝에 살아 있다
거리로 내몰린 병정들이
두터운 녹색 옷을 두른 채
뜨거운 거리에 서서 더욱 견고하고

억압하던 사슬이 탄 잔해 속으로

독재가 꿈꾸던 욕망이 도피해 갔다
누구인들 바라지 않았으랴
달리는 시계추는 가벼이
물 찬 제비같이 유치장을 빠져나가
길 위에 물구나무 섰다 그때
종루에 모여든 빛이 종을 울렸다
누가 멈추게 할 것인가
목마른 입술이 구하는 꽃 한 송이를

가슴이 없는 남자

나는 가슴이 없다
화약연기 구럼비를 타 넘을 때도
가뭄을 앞세워 전원에 들었다
봉긋한 가슴이 물대포에 쓰러지는 그때
콩밭에 물을 주고 있었다
촛불이 가슴들을 솟구치게 할 때도
호스에서 쏟아져 나온 물살이
목 타는 눈을 출렁이게 하는 일로
촛불 든 손을 대신한다고 자위했다

랩으로 코와 입과 눈을 가리고
맞서던 독한 체루가스 그 맛을
너무 일찍 알아버렸으므로
왜곡된 언론이 쓸어 가버린 광장
겨울 물대포 얼음 알갱이에 맞선
젊은 가슴을 끝내 간직하지 못했다
컨테이너 성곽 그늘이 더 컸으므로

수구에 몰려 떨어진 대통령 죽음에도
노란 풍선 하나 띄워 올리지 못한
가슴이 움푹 팬 남자였다

나는 반성 없이 다시 길 위에 섰다
촛불이 비쳐 주는 경계에서
한 발은 빛에 두고
다른 발은 어둠에 젖었다
보수언론이 내세운 하수인이
강을 파 헤쳐 운하를 세울 때
가슴은 녹조에 물들어 떠내려갔다
갈갈 찢어 발겨진 내 산하여
끝나지 않는 지루한 이 행렬을
누가 다시 이을 것인가 그것이
가슴 없는 남자가 진 빚이다

구럼비 가는 길, 남도 황톳길을

눈보라 맞으며 손잡고 걸었지만
등 뒤에는 가랑잎도 구르지 않았다
붉은 저물녘이 죽어가고 있을 뿐
어둠 속을 걸어 다시 돌아와야 했다
낭떠러지 끝에 마련 된
식탁 위에 놓인 마른 빵을 씹고
산화한 꽃들을 추억해야 했다
나이가 나를 먹어치우기 전에
피에 든 얼음을 녹여야 했다

가슴이 없는 남자도 어느 때 봉긋
가슴 솟는 횃불을 들고
바람 속 들불을 일으킬지 몰라
그러나 지금은 미안하다
보내고 남은 가슴이 없다

오줌 마렵다

보험 대출안내가 밖에서 불렀다
어떻게 나를 알았는지 문을 두드리는 문서가 그치질 않는다
쪽지는 차 없는 사실까지 들춰낸 후 휴대폰에 들어앉아 징징거렸다
보이지 않는 뒤에서 미소 짓고 있는 기침은 수시로 정수리를 겨냥하는 칼날
아니면 마른 날 천둥이거나 젖은 날 해일이다
말초신경 끝까지 멋대로 채가는 포충망이다
그랬다 숨도 못 쉬게 턱 아래 붙어 밝은 대낮에 면상을 후려치는 익명은 누구인가
정보망을 통해 엿보고 있는 신상과 가족관계를 재빨리 지워보지만 그게 가능한 일인가
유리 상자 속에서 오줌 마려운 지렁이가 꿈틀거리며 토했다

'넌 이미 어둠 속에도 숨을 곳이 없어'

발문

고단하고 목마른 골목을 적시는 단비

최 영 철

고단하고 목마른 골목을 적시는 단비

최 영 철

시가 가진 여러 덕목 중에 가장 중요한 한 가지를 꼽으라면 타자에 대한 관심일 것이다. 인류가 이루어낸 과학 문명의 눈부신 발전에도 불구하고 먹고 사는 일의 고단한 과정은 나아지기는커녕 더욱 복잡하고 난감한 국면에 처해 있고 남을 돌아보는 여유 또한 전보다 더 빈약해졌다. 이제 순수예술조차도 환금성으로 진가를 가리는 세상이 되어 버렸지만 시는 용케 그 미궁에 빠지지 않았다. 애초부터 시적 상상력은 산업이 되지 못했고 오히려 현실의 여러 문제들을 거스르고 부정하는 지점에서 발화하는 것이 시였다.

시가 지향하는 세계는 대부분 현실과는 동떨어진 낯설고 터무니없는 몽상일 때가 많았지만 따지고 보면 그것은 느닷없이 제기된 돌출된 세계가 아니라 인간이 세상을 향해 품었던 근원적인 사고였다. 해와 달과 같은 자연물, 가축 벌레 나무 풀, 비와 바람 같은 것들을 인격화하고 그것과 대화했던 전통사회 민초들은 너나할 것 없이 모두 시인이었다. 인간에 한정하거나 인간을 중심에 두지 않고 삼라만상을 평등한 인격체로 인식했고 그럼으로써 새로운 사고 방식과 논리를 싹틔우며 새로운 말하기 방식을 만들어나갔다.

일자무식의 문맹이었지만 너른 대지를 향해 비와 바람을 향해 주변의 가축과 사물을 향해 중얼거리던 어머니들의 언술이 시였다. 우주 만물이 자아내는 파장을 감지하고 지금은 부재하지만 오랜 염원을 담아 간구하던 자타일념의 갈망이 어떤 새로운 것을 만들어내던 힘이었다.

그런 교감을 가능하게 한 개념을 한 마디로 축약한다면 '이웃'일 것이다. 삼라만상의 모든 사물들이 귀천과 서열을 벗어 던지고 이웃으로 동등해지는 것, 시인은 그것을 먼저 깨친 자로써 이웃의 존재를 감지하고 인식하며 그들끼리의 소통에 중개자 노릇을 하거나 그들이 느낀 바를 증언하는 역할을 담당해 왔다.

강영환 시인은 사십 여년에 이르는 긴 시간 동안 그런 '이웃'의 과업을 줄기차게 열정적으로 수행하며 오늘에 이르렀다. 한 시인의 소출로 보기에는 믿기지 않는 방대한 작품이지만 그 어느 지점을 펼쳐 들어도 그의 시에는 이웃을 향한 관심과 이해와 사랑의 시선이 담겨 있다. 그것도 일정 거리 저편에서 바라보고 있는 관망이 아니라, 우러러보거나 연민하는 타자의 시선이 아니라, 그 속에 스며들어 자리 잡고 살면서 그 자체가 된 정주의 시선이다.

다시 한 층계를 올라섰다
여전히 보이지 않는 바다
눈도, 입도, 귀도 없는 집들이
피안을 가로막아 서서
눈에 든 오래된 바다를 매장했다

보이지 않는 푸르고 깊은 책들 그러나
동무 삼아 오르내리던 굴곡진 길에
눈에 익은 까꼬막도 미끄러지지 않고 수월하게
집으로 갈 수 있게 해 준 물기둥이 낸
벽 사이로 소리가 하얗다 그것이 비록
허물이 될지라도 벽에 남아 오래
말벗이 되고, 혀가 되고, 눈이 되고, 살갗이 된
파도가 스스로 높이 쌓은 소리와
소리가 내는 풍경에 귀를 걸었다

비 온 뒤 바닥에 몸을 밀고 간 지렁이 흔적처럼
내 몸 푸른 멍으로 새겨진 파도는
그리울 때마다 소리로 출렁거리며 나섰다
집을 떠나 객지를 떠돌 때도
눈으로 갈 수 없는 소리를 지우지 못하는 귀
비우고 싶어도 그러지 못하는 파도소리는
앞마당에 와 놀아주던 오래 전 동무
그때 아니 웃음으로 날 찾아 주었다

높은 곳으로 더 높은 곳으로

먼 원시를 찾아가는 나는
성형되지 않은 흙터 속으로 잠행한다
출렁거리는 심장으로 파도가 오고
키가 크면서 깊은 상처였던 자국
숱한 멍에 남겨진 푸른 박동이었다

속살에 짙은 색깔로 빛나는 소리가
밝은 칼금을 긋고 춤을 추었다
파도가 소리로 살고 있는 내 몸은 그랬다
한 층계 더 오른 바다
여전히 눈썹은 보이지 않았지만
오래된 예속을 위해 소리를 끄지 못한다

–「오래된 예속」 전문

시인이 부산 초량 산복도로에 산지 올해로 47년째다. 까까머리 고교시절부터 예순 중반에 이른 지금까지 시인은 부산 초량 산복도로 비탈진 골목 끝집 거기서 한 번도 이주하지 않고 살고 있다. 거기 그 집에서 청소년기를 보내고, 대학을 다니고, 결혼을 하고, 자녀 둘을 키워 내보내고, 역시 그 옆 산복도로변에 자리 잡은 학교에서 삼십년 넘게 근속하며 학생들을 가르쳤다.

시인의 시를 이해하는데 이보다 더 정확하고 구체적인 정황이 따로 있을 수 없다. 흔히 일반적인 시인 기질로 열거되곤 하는 흔들리고 떠도는 유랑은 그의 몫이 아니다.

유랑하는 자의 사랑법은 불 같고 바람 같은 격정은 있으되 오랜 나무 같은 완숙의 순정은 없기 마련이다. 격정은 한 몸이 다른 한 몸을 지배하거나 헤치기 쉽지만 순정은 지극한 기다림 끝에 자연스럽게 서로를 수락하며 하나가 되는 경지에 이른다.

그런 면에서 순정은 일정한 영역에 천착하는 농경적 사유의 소산이다. 막힌 길을 뚫고 가로놓인 것을 넘어 계속 새로운 길을 모색하는 유목의 사유가 아니라 주변을 살피고 주변을 끌어안아 한 몸이 되려는 의지가 더 충만하다. 손 뻗어 닿을 수 있는 반경 안의 것들을 포착하고 그것들과 노니는 것, 그것을 긍정하고 수용해 결국 하나가 되는 은자의 사랑법이다.

오래 거기에 살며 그 거처와 한 몸이 되는 것, '그것이 비록/허물이 될지라도 벽에 남아 오래/말벗이 되고, 혀가 되고, 눈이 되고, 살갗이 된' 경지가 시인의 사랑법이다. 산복도로가 품은 물상은 그렇게 시인의 몸과 혼이 되었다. '비 온 뒤 바닥에 온몸을 밀고 간 지렁이 흔적처럼' 시인이 바라보고 살았던 파도는 '내 몸 푸른 멍으로 새겨'져 '그리울 때마다 소리로 출렁거리'고, '집을 떠나 객지를 떠돌 때도' 파도소리는 '앞마당에 와 놀아주던 오래 전 동무'의 아이 웃음이었다.

나무 대신 집이 서있는 산이다

날카로운 모서리는 서로의 가슴을 피해
티끌 없는 하늘가에 닿아 있다

집들로 겹겹이 쌓아 올린 산은
큰 집과 작은 집이 어울려 골목을 만들고
골목은 공 벌레처럼 둥글게
지붕과 지붕 사이를 기어 다닌다
느리게 가다 혹은 구불거리며 멋대로
가고 싶은 곳 없이도 이웃을 지었다

아래로만 흘러내리는 빗물 속에는
남몰래 흘린 눈물도 함께 떠나
둥근 집이 언제나 반짝거렸다
집산에도 사계를 바꿔 꽃이 피었다

불빛 투성이 바다가 물결을 펼치는 곳
하늘에 별을 대신할 수 없지만 가끔
깜박거리는 눈을 별에 맞췄다 그때
바위 대신 서있는 옥상 파란물통 위에서
목마른 별이 물소리에 젖기도 했다

아이들 아니라도 숨바꼭질로 숨는 어둠이
돌부리에 채여 넘어지는 이마도 숨기고
불러주지 않아도 해와 달이 가깝게
젖은 집을 말리고 꽃을 키웠다

집산 푸른 잿빛이 하늘 가운데 우뚝
닿을 수 없는 높은 불을 켠 밤
이웃들은 낮은 지붕을 걸어서
끝나지 않은 별자리로 갔다

–「집산」 전문

산복도로 마을은 산은 산이되 나무 대신 집이 빼곡이 들어선 산이다. 나무가 가지를 뻗고 열매를 맺고 꽃을 피우듯 산복도로 집집마다 올망졸망 아이들을 키워 내보내고 봄이 되면 멀리 날아간 새들이 돌아오듯 대처로 나갔던 자식들이 자식을 안고 돌아온다. 저 아래 평지의 삶이 눈 깜박할 사이 이합집산이 이루어지고 또 눈 깜박할 사이 해체와 분산이 이루어지는 곳이라면 산복도로의 삶은 나무의 그것을 닮아 선순환의 수레바퀴로 돌아간다. 그 순환은 서로에게 적대적이지 않고 서로 양보하고 서로 기대며 공존한다. 지나친 경쟁으로 적대적인 국면을 만들지도 않는다. '날카로운 모서리는 서로의 가슴을 피해/티끌 없는 하늘가에 닿아 있' 고 '큰 집과 작은 집이 어울려 골목을 만들고/골목은 공벌레처럼 둥글게/지붕과 지붕 사이를 기어다닌다'.

서로의 가슴이 다치지 않게 배려하는 것, 그래서 집산의 골목들 형상은 일직선으로 그어진 것이 아니라 느리게 멋대로 구불거리는, 자연의 질감이 만들어낸 곡선의 길이다. 그와 같은 형상을 만든 원천은 자신을 내세우거나 고집하지 않는 융화의 미덕이었다. 그것은 자신의 모난 부분을 반성하고 주저 없이 깎아낼 수 있는 자들이 연대할 때 가능해지는 형상이기도 하다. 그렇게 산동네의 집과 사람들은 서로 어깨를 기대고 사는 거대한 숲이 되었다.

'나무와 나무 사이에 집이 있다/집과 집 사이에 나무가 있다/나무와 집 사이로 나선 골목길에/끈적거리는 짐을 메고 가는 사람이 있다/나뭇가지에 매달린 마른 얼굴들(「나무들 사이」일부)' 처럼 산복도로 각각의 집들은 곧 각각의 나무가 되고 산복도로의 이웃들은 나뭇가지에 매달린 잎과 열매가 되었다. 그렇게 산복도로의 물상들은 시인에 의해 하나의 자연으로 격상되었고 그와 같은 승화는 오랜 시간의 마모가 이루어낸 결실이었다. 처음 한 때 그것들은 뾰족한 비수이기도 했겠으나 동글게 순화되는 과정을 통해 집은 산이 되고 사람은 나무가 되었다.

고맙다 쉽게 눈 뜬 아침에 수족이 멀쩡하다는 것, 오랜 가뭄 끝에 내리는 비를 단비라 하는 이유를 알겠다 살아있어 주었던 풀아 고맙다 말없이 뿌리를 적시는 안개비도 가녀린 생명을 다시 볼 수 있다는 것도 눈 끝에 아침이 있어 더 실감나는 손등이다 그 뿐이 아니다 장마 끝에 따갑게 펼쳐지는 햇살이 고맙고 내 가족과 이웃들의 웃음소리가 나를 더 가슴 뛰게 한다는 걸 느끼는 것, 그리고 푸른 숲과 넓은 바다가 있다는 것, 이른 아침 학교 마당에서 걷기하는 노부부를 바라보는 눈이 멀쩡하다는 것

고맙다 풀아 나무야 그리고 태양아 비야 세상 끝에서 숨쉬는 풀벌레들아 기어서라도 화장실에 가는 축복이 아직은 내게 남아 있어 더 사랑스런 발이다

–「고맙다」 전문

생존의 방식은 크게 두 가지일 것이다. 계속 새로운 길을 내며 나아가는 것과 봇짐을 내려놓고 걸어 온 길을 곱씹으며 그 의미를 살찌우는 것. 시의 기질도 이와 비슷해서 새로운 쓸 거리를 찾아 낯선 곳을 떠도는 시기가 있는 반면 유랑의 삶이 놓치고 온 것들을 오래 물끄러미 되짚어 응시하는 시기가 있다. 시인도 지금 그렇게 놓치고 온 것들, 아직 자신 곁에 남아 있는 것들을 고맙고 사랑스럽게 끌어안는다. 그동안 존재조차 자각하지 못했던 것들, 묻히고 가려져 있던 소중한 것들이다. 멀쩡한 수족이 있다는 것, 가뭄을 적시는 단비가 있다는 것, 그것이 헛되지 않게 풀들이 비를 받아낸다는 것, 그것을 받아드는 손이 있다는 것, 그것을 느끼는 가슴이 있다는 것, 그것을 보는 눈

이 있다는 것, 그것에 다가갈 수 있는 발이 있다는 것.

이런 수락과 긍정의 심상은 물론 하루아침에 이루어지는 것이 아니다. 수족을 쉬지 않고 부지런히 부려본 뒤, 비를 애타게 기다려본 뒤, 맞잡아야 할 그 무엇을 애타게 그리워 해본 가슴과 손과 발을 가진 사람만이 도달할 수 있는 경지다. '눈이 더 침침해지면 무엇으로 대신할까 귀가 어두워지면, 이가 빠지고 나면 무엇을 할까 삭신이 굴신을 하지 못하면 무엇을 할까 공원 한편에 지정된 나무의자 하나 갖지 못하고… 누구와 손잡고 배회할 거리도 없이… 기웃거려야 할 주점이나 카페도 뒷골목에 없다는 거… 마음 터놓고 말 나누고 싶은 이웃도 없다는 거… (「서산을 바라보다」일부)' 와 같은 아픈 질문을 거듭해본 사람만이 얻을 수 있는 경지다.

'산복도로 시인' 이라는 별칭은 이제 시인에게 하나의 영광스러운 이름표가 되었다. 거기서 반백년을 살았고, 스물네권에 이르는 시집의 시들이 거기서 쓰여졌고, 거기 수록된 대부분의 시들이 산복도로와 그 이웃들을 제재로 하고 있으니 그럴만도 하다. 더욱이 놀라운 것은 시인이 그 삶을 힘겨워하지 않고 유쾌하게 살아냈다는 사실이다. 부동산 투자까지는 아니더라도 안정된 수익이 보장된 교사였으니 반듯한 평지의 집 한 칸을 장만하는 것은 그리 어려운 일이 아니었을 것이다. 정황이 이러하니 그보다 더 시인답고 그보다 더 순정하고 그보다 더 치열한 복무는 있을 수 없다.

시인은 모름지기 지금 포착한 찰나의 한 순간을 통해 전체를 보는 자이고, 할 수만 있다면 이리저리 옮겨 다니며 한눈팔지 말고 한 지점만을 줄기차게 응시해 어떤 간절한 물음과 답을 건져 올려야 하는 자이다. 시인은 반세기 가까운 시간에 걸쳐 그 일을 해냈고 그것이 내뿜는 빛과 향기는 이제 산복도로 어두운 골목 곳곳을 오랫동안 환한 햇살로 어루만지게 될 것이다. 그렇게 시인의 시는 산복도로의 고단하고 쳐진 어깨를 두드려 깨우는 비, 그립고 목마른 사랑을 적셔주는 한 가닥 시원한 단비가 되고 있다.

산동네 가파른 계단을 내려가는 비가
섰다가 내려가고 망설이다 이내
작정한 듯 길이 묻힌 층계를 내려섰다
점점 더 두꺼워지는 무게로 비구름은
어두워진 산동네 골목을 덮고
갈라진 길은 언덕 아래로 떨어졌다
비탈에 웅크리고 앉은 나무들 어깨가
낡은 이승을 버릴 때까지
낮고 어두운 곳으로 길을 만드는 비가
나무 주검 한쪽 끝을 붙들고
다시는 이 땅에서 모국어를 꿈꾸지 말라
지하에 모이고 모여들어
떠나는 뿌리를 보듬어 주었다

—「비가」 전문